멈추어 고민해도 ————————
————————— 답이 없음을 알기에

멈추어 고민해도 답이 없음을 알기에

초판 1쇄 발행 2024년 8월 29일

지은이 이영덕
그림 이하윤
펴낸이 장길수
펴낸곳 지식과감성#
출판등록 제2012-000081호

교정 정은솔
디자인 정윤솔
편집 정윤솔
검수 한장희, 이현
마케팅 김윤길, 정은혜

주소 서울시 금천구 벚꽃로298 대륭포스트타워6차 1212호
전화 070-4651-3730~4
팩스 070-4325-7006
이메일 ksbookup@naver.com
홈페이지 www.knsbookup.com

ISBN 979-11-392-2072-8(03810)
값 18,800원

• 이 책의 판권은 지은이에게 있습니다.
• 이 책 내용의 전부 또는 일부를 재사용하려면 반드시 지은이의 서면 동의를 받아야 합니다.
• 잘못된 책은 구입하신 곳에서 바꾸어 드립니다.

지식과감성#
홈페이지 바로가기

멈추어 고민해도 답이 없음을 알기에

글 이영덕 / 그림 이하윤

목차

이야기를 시작하며 6

1부
일상을 걷다

겨울 없는 캘리포니아? 14

나를 알려드립니다 24

Hello, my name is Hayoon Lee 34

하윤이와 피아노 45

첼로로 말하는 아이 51

Happy Lunar New Year! 59

한국에서 날아온 우리 집 첫 손님 66

LA 가족여행 72

코비드19 78

하윤이가 설거지를 한다?!!! 89

양궁 소녀 98

We Are Saratoga Artists!!! 103

유럽 투어 110

New York New York 140

하윤이는 그림으로 추억한다 156

2부
자연을 걷다

나는 Saratoga에 산다 205

San Francisco, Sausalito 그리고 221

Highway 1 235

Yosemite 252

Lake Tahoe 265

Yellowstone 283

Mt. Shasta 와 Lassen Volcanic NP 298

Crater Lake 306

Grand Circle 311

신들의 나라, Death Valley 그리고 Sedona 330

세상의 주인은 누구? 344

Camping 358

이야기를 시작하며

나의 이야기를 쓰고 싶었다.

내가 지나온 시간들을 어디서부터 어디까지 무엇을 담을 것인가. 특별한 굴곡 없이 유년 시절을 보냈고, 공부를 곧잘 했던 나는 무난히 대학을 졸업했으며, 내가 꿈꾸던 직업을 가지진 못했지만 얼추 비슷하게 방송작가 일을 시작했다. 자랑스럽게 내놓을 나의 작품을 만들지 못하고 서브작가 일만 하다가, 결혼을 하고, 아이를 낳고, 직업란에 '주부'라는 두 글자를 적는 사람이 되었다. 첫째 아이는 어려서부터 똘똘해서 나의 자랑이었고, 둘째 아이는 5살이 되면서 '자폐성 장애' 판정을 받았다. 그 둘째가 올해 6월에 고등학교를 졸업한다.

이쯤이면 다른 사람들은 나에게 장애를 가진 아이를 어떻게 키웠는지, 그 고통의 터널이 얼마나 길고 힘들었는지, 장애 아이와 비장애 아이를 함께 키우면서 얼마나 어려웠을지 듣고 싶으려나. 장애 아이를 양육했던 이야기는 이미 서점가에 많이 나와 있고, 우리 집 이야기도 별반 다르지 않다. 아이의 어린 시절 이해할 수 없는 행동들에 힘들었고, 장애 판정을 받을 때는 하늘이 무너지는 심정이었다.

그 후로 그 장애를 극복하기 위해 미친 듯이 애써 보았지만, 매번 부딪치는 한계에 쏟은 눈물이 강을 이룰 테고 앞이 막막한 날들이었다. 장애를 가진 둘째 아이를 끼고 정신없이 달리는 동안, 첫째 아이는 혼자서 외로움의 시간을 보내며 마음의 상처들이 곪을 대로 곪아 있었다. 그것을 살피지 못했던 나는, 지금도 여전히 마음 아프고 무거운 숙제로 가지고 있다.

이런 이야기는 듣는 사람들에게 어떤 역할을 하게 될까. 정말 힘겨웠겠구나, 공감하고 용기를 내라고 응원을 보낼까. 세상에 나만 힘든 게 아니라 나보다 힘든 시간을 보낸 사람이 있구나, 하고 위로를 받으려나. 하지만 나는 사는 건 누구나 비슷하다고 생각한다. 어떤 객관적인 기준으로 누구는 100만큼 힘들고 누구는 20만큼, 누구는 1만큼이라고 말할 수 없다. 모두가 자신의 삶이 가장 힘들고 어렵다. 나의 장애 아이 양육 스토리가 듣는 이에게 아주 큰 도움이 되지는 않을 거라는 말이다.

그렇다면 나는 우리의 이야기를 어떻게 풀어낼 것인가. 나는 현재에 집중하려고 한다. 우리 가족은 지난 2018년에 남편의 미국 발령으로 캘리포니아 산호세 지역으로 이사를 왔다. 2024년 기준으로 벌써 7년 차가 되었다. 살고 있는 공간이 바뀌면서 나의 생각들이 많이 변화했다. 과거의 시간을 사는 동안에는 눈물 마를 날 없는 고통이었을지 모르지만, 터널을 나와서 돌아보니 그저 꿈결 같다. 애쓰고 살았던 내 모습에 안타깝기도 하고, 그때는 왜 그랬을까 아쉽기도 하고, 수많은 감정이 오르락내리락하지만, 그것은 그저 과거의 시간일 뿐이다. 나는 그 기억들을 하나하나 다시 떠올려 곱씹고 싶은 마음은 없다. 나는 나의 과거에 최대한 덤덤하려고 한다. 지금 우리가 사는 이야기가 나에게는 더 중요하기 때문이다.

미하엘 엔데의 소설 《모모》에서 회색 신사가 말한다.

"인생에서 중요한 건 딱 한 가지야.
뭔가를 이루고, 뭔가 중요한 인물이 되고, 뭔가를 손에 쥐는 거지.
남보다 더 많은 걸 이룬 사람, 더 중요한 인물이 된 사람,
더 많은 걸 가진 사람한테 다른 모든 것은 저절로 주어지는 거야.
이를테면 우정, 사랑, 명예 따위가 다 그렇지."

과거의 나도 여느 다른 사람들처럼 이렇게 생각했다. 하지만 시간을 쪼개고 쪼개어 열심히 산다고 했는데도, 늘 힘들기만 했다. 삶이 나아지는 기미는 전혀 없었다. 젊은 시절 삶에 대해 자신만만했던 나는, 엄마로서의 삶을 살면서 아주 많이 무너졌다. 특히나 미국 캘리포니아로 이사를 온 후에는 내가 살던 방식대로 살 수가 없었다. 내가 뭐든 할 수 있을 거라는 자신감은 없어졌고, 아주 기본적인 것부터 하나하나 새로 시작해야 했다. 늘 우리 집 냉장고를 채워 주시던 어머니의 반찬 대신 내가 손수 된장국부터 끓여야 했고, 아는 사람 한 명 없던 이곳에서 새로 인연을 만들어야 했고, 그렇게 아는 체하며 이끌었던 아이들의 교육에서도 판단조차 내릴 수 없었다.

하지만 살아지더라. 일상의 사소한 것들에 감사하며 살아지더라. 캘리포니아의 날씨에도 감사하고, 나를 집밥에 초대하는 친구에게도 감사하고, 쉽지 않은 학교생활에 애쓰는 아이들에게도 감사하고, 걸을 수 있는 자연에게도 감사하게 되더라. 대단한 목표를 세우고, 내일을 위해 오늘을 희생해 가며 살았던 나의 과거에서는 늘 힘겹기만 했지만, 모든 것을 내려놓고 주변을 둘러보니 감사할 것투성이였다. 작은 감사들이 모이니, 나는 행복이라는 것이 무엇인지 어렴풋이 알게 되었다.

나만큼 삶의 형태가 많이 바뀐 사람은 바로 둘째 아이이다. 한국에서는 늘 치료실을 쳇바퀴처럼 돌면서 살았던 아이는, 미국에 와서 치료실 일정 없이 집에서 엄마와 보내는 시간이 많아졌다. 나의 의도는 전혀 아니었다. 엄마인 내가 미국의 특수교육과 치료실에 대한 정보를 전혀 가지고 있지 않아서 어쩔 수 없는 상황이었다.

그런데 살아지더라. 오히려 아주 잘 살아지더라. 나는 아이와 집 주변을 시작으로 자연을 아주 많이 걸었다. 멀리 트레일을 걸었고, 캠핑을 했다. 늘 긴장과 두려움으로 일상을 살던 아이는 숲속에서 아주 많이 편안해졌다. 그러면 또 그 에너지로 일주일을 잘 지냈다.

오전에 학교를 다녀오면 오후에는 집에서 그림을 그리기 시작했다. 처음에는 자기 생각을 말로 표현하기 쉽지 않은 아이와 여행의 추억을 나누기 위해, 아이에게 가장 기억에 남는 장면들을 그리게 했다. 차츰 아이는 그림 그리기에 빠져들었고, 오후 시간을 온통 그림으로 채워 나갔다.

주말은 산으로 바다로 나갔고, 다음 주중엔 그림 안에서 다시 걸었다. 그것들은 아이에게 시너지가 되어 훌륭한 심리치료가 되어 주었다. 또한 아이의 그림을 보는 사람들이 많은 힐링과 위로를 얻게 된다고 했다. 나는 이것에 감히 'Nature Therapy'라고 이름 붙이고 싶다.

이 시대를 살면서 열심이지 않은 사람들이 몇이나 있을까. 모두가 행복을 위해 달려간다고 하지만, 행복한 표정 대신 지치고 힘든 얼굴들이 가득하다. 그 달리기를 지금 잠깐 멈추기를 권한다. 그리고 내가 놓치고 있는 작은 행복과 감사를 찾아 보라 말하고 싶다. 죽을힘을 짜내어 달려도 이루기 어려운 목표들인데, 무슨 한가한 소리냐고 할지도 모르겠다. 어차피 힘든 목표라면 잠시 멈춘들 무슨 영향이 있겠는가. 지나간 과거에 대한 아쉬움은 털고, 아직 오지 않은 미래에 대한 걱정은 묻고, 오늘 우리가 서 있는 오늘을 살자. 즐겁고 행복하고 감사하며. 인생 뭐 있겠어. 그냥 사는 거지. 그냥 걷다 보면 또 무언가를 만나게 될지도 모르니까.

그동안 인스타그램에 우리의 소소한 이야기를 메모했다. 특별하지 않은 그저 평범한 일상이지만, 독자들이 타인의 일기장을 슬쩍 훔쳐보는 재미를 느꼈으면 하는 마음에 그 틀을 그대로 가져와서 다시 엮었다. 덤으로 둘째 하윤이가 자연을 그린 그림들을 함께 실었다. 우리의 이야기를 따라 그저 평범한 일상을 함께 걷고 자연을 함께 걷다가, 하윤이의 그림에서는 잠시 멈추어 독자들이 편안하게 쉬어 가기를 바란다. 이렇게 살아도 살아지는구나 하면서. 이렇게 사는 인생도 나쁘지 않구나 하면서. 그리고 책을 다 읽고 나면 신발 끈 다시 묶고 동네 한 바퀴 돌아보고 싶은 마음이 생겨나기를 소망한다.

2024년 5월에.

1부
일상을 걷다

\# 겨울 없는 캘리포니아?
\# 나를 알려드립니다
\# Hello, my name is Hayoon Lee
\# 하윤이와 피아노
\# 첼로로 말하는 아이
\# Happy Lunar New Year!
\# 한국에서 날아온 우리 집 첫 손님
\# LA 가족여행
\# 코비드19
\# 하윤이가 설거지를 한다?!!!
\# 양궁 소녀
\# We Are Saratoga Artists!!!
\# 유럽 투어
\# New York New York
\# 하윤이는 그림으로 추억한다

겨울 없는 캘리포니아?

'캘리포니아' 하면 누구나 가장 먼저 뜨거운 태양을 떠올리고, 일 년 내내 반소매와 반바지, 그리고 선글라스면 충분할 거라고 생각한다. 이곳에 오기 전 나의 생각도 물론 그랬다.

우리가 이곳에 처음 발 디딘 2018년 1월, 남편이 말하길(서울은 한겨울의 정점이었지만), 산호세(San Jose)는 가을 날씨일 거라고 했다. 두꺼운 겨울옷들은 한 달 넘게 걸리는 이삿짐에 실어 보냈고, 우리는 가벼운 차림으로 샌프란시스코 공항에 내렸다. 우리가 대면한 이곳의 첫 날씨는 온화할 거라는 기대를, 훅 밀고 들어온 찬 바람이 한순간에 날려 버렸다.

3주 동안 에어비앤비 숙소에 머무르다가, 드디어 이사하게 될 우리 집을 방문했다. 휴양림을 연상케 하는 콘도형 아파트는 첫 느낌이 나쁘지 않았다. 정원을 걷는 내내 초록 내음이 가득해서 긴장한 마음이 편안해졌다. (물론 아들은 이렇게 시골 동네에서 살아야 하는 거냐며 입이 한 주먹은 나왔다. 같은 곳에 있다고 항상 같은 생각을 하는 건 아니다.) 집 안에 들어서니, 실내 난방이 전혀 없어서(있긴 하지만) 바깥 기온과 실내 온도가 별반 다르지 않았다. 채 1시간도 실내에 머무르지 않았는데, 발이 무척 시려웠다. 그 집에 살았던 분이 조언하기를, 내복과 두툼한 털 실내화, 플리스 집업은 필수로 입어야 한단다. 그래도 날이 따뜻해지면, 베란다에서 다람쥐와 새들과 함께 브런치를 할 수 있다는 얘기에... 봄아 오너라 빨리 오너라... 마음속으로 주문을 외웠다.

2018.01.20.

아이들이 학교를 가고, 이삿짐 정리를 하고, 일상이 조금씩 안정되어 간다. 아이들 아침 등교를 마치면 나는 한참을 이불 속에서 웅크리고 있다. 몸이 조금 따뜻해지고, 그러다 보면 노곤노곤한 몸은 단잠에 빠진다.
알람 덕분에 겨우 하윤이 픽업 시간에 맞추어 나오니, 햇살이 아주 좋다. 그냥 집에 들어가기 넘 아까워서 하윤이와 함께 햇볕 아래를 걷는다. 예쁘게 단장한 아파트 길도 좋고, 무심한 듯 자연스러운 Wildwood Park도 좋다. 늘 걷던 서울 우리 집 앞 오금공원을 산책하는 기분이 들어 더 좋다.

2018.02.14.

4월, 이제는 완연한 봄이다. 아침부터 좋은 날씨가 햇빛 가득한 발코니 캠핑 의자로 나를 끌어당긴다. 내가 해결하지 못하는 일들에 대한 고민은 다 던져 버리고, 나 홀로 수목원 나무 그늘에 앉은 듯 잠시 무념무상으로 쉬어 가련다.

"모든 시작은 기다림의 끝이다.
우리는 모두 단 한 번의 기회를 만난다.
우리는 모두 한 사람 한 사람
불가능하면서도 필연적인 존재들이다.
모든 우거진 나무의 시작은
기다림을 포기하지 않은 씨앗이었다."
- 호프 자런, 《랩 걸(Lab Girl)》

내가 기다리던 봄은 왔고, 이렇게 기다리다 보면 나의 바람들은 천천히 그러나 언젠가 나에게 올 것이다. 그래도 오지 않는다면, 그것은 원래 나의 것이 아니었을 뿐이다.

2018.04.14.

Home_Winter_End
Acrylic, 30.4× 30.4cm, 2019

멈추어 고민해도 답이 없음을 알기에

늘 삶에서 덤덤해지려고 하지만, 쉽지 않다. 미국 생활 두 번째 해는 날씨도 삶도 녹록지 않다. 많이다. 눈 보는 게 거의 가능하지 않다는 우리 동네 높은 뒷산에 눈이 왔다. 눈구름이 멀리 산허리에 걸려 있다. 오묘하고 아름다운 아침 풍경에 잠시 넋을 놓게 된다.

2019.02.05.

매일 비가 오고 그치기를 반복한다. 하윤이 학교 주차장 픽업 라인에서 기다리며 하늘을 본다. 잠시 비가 그친 하늘은 유독 파랗고 햇살도 쨍한데, 내 차 창엔 여전히 빗방울이 가득하다. 내 속마음을 그대로 들킨 것처럼. 그렇게 비는 끊임없이 내린다. 어제도 오늘도 아마 내일도. 아무도 모르게 쑤욱 고개를 내민 야드의 새하얀 칼라꽃처럼 곧 해가 뜰 것을 알기에 애써 아무렇지도 않은 척해 본다.

2019.02.08.

온종일 강력한 스톰이 미친 듯이 불어 대서 거리에 나무가 쓰러지고 신호등도 멈춰 섰다. 그 사이로 아주 잠깐 햇살이 보이더니 찬란한 무지개가 눈앞에 꿈결처럼 나타났다. 나도 모르게 혼잣말을 내뱉는다.

예쁘다. 정말 예쁘다.

지금 내가 발 딛고 있는 이 순간이 최악인 거 같아도, 나 아직 살 만한가 보다. 웃음이 피식 난다.

2019.02.13.

세 번째 해, 우리 집 야드에 봄이 늦다. 집 안은 여전히 싸늘해서, 두꺼운 플리스를 아직도 못 벗고 있다. 코로나로 긴장하느라 너무도 아름다울 봄을 그냥 흘려보내 버릴까 염려한다. 종일 비 내리는 가운데 잠깐 해가 반짝했다. 그리고 그 시간, 하윤이와 걸었다. 코로나의 시간 동안 우리에게 걷기는 유일한 숨쉬기다. 햇빛 쨍한 날의 산책은 나를 발랄하게 하고, 흐린 날의 산책은 나를 고요하게 한다. 날이 좋아서, 날이 좋지 않아서 우리의 걷기는 항상 의미 있다.

2020.03.16.

비가 너무 많이 와서 못 걸으니 으슬으슬 한기가 돈다. 그런 날은 뜨끈한 국물에 밥 말아 김치 얹어 한 그릇 먹고 나면 움츠러든 몸이 스르르 풀린다.

2020.04.06.

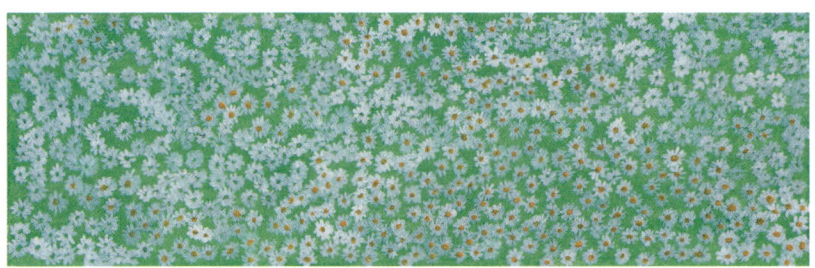

Spring Acrylic, 20.3×60.9cm, 2018

6월이 되니, 이제는 더위와 대치 중이다. 집이 너무 덥다. 어제는 100도(섭씨 38도)를 찍었다. 밤새 선풍기를 틀었더니 아침에 얼굴이 퉁퉁 부었다. (원래 이곳은 열대야가 없던 곳이라 에어컨이 없는 집이 많았다는데, 요즘은 에어컨 없는 집이 없다. 안타깝게 우리 집에는 에어컨이 없다.) 달리는 차창 밖으로 시원한 바람을 맞고 싶다. 그래서 괜히 얼마 전 드라이브하던 동영상 풍경을 계속 돌려 본다. 이렇게 아침부터 나는 정신 줄을 놓는다.

2020.05.29.

Home_early summer Acrylic, 20.3×60.9cm, 2019

이열치열. 며칠 100도를 찍고, 종일 온 가족이 헥헥거린다. 그래서 자꾸 찬 음식만 찾게 되고, 입맛이 더 없어진다. 간만에 삼계탕 한 그릇으로 땀 내고 나니, 오히려 몸이 시원해진다. 그리고는 백야드 나무 아래 해먹에 누워 시원한 바람을 맞는다. 솔솔 바람이 분다.

2020.06.14.

어떻게 해도 더위를 버티기 힘들어 우리는 Half Moon Bay로 차를 달린다. Moss Beach의 서늘한 바람에 겉옷을 챙겨 오지 않은 걸 후회한다. 오들오들 닭살을 참아 가며 그 찬 기운을 몸에 가득 담아 본다. 혹시라도 열대야의 밤에 꺼낼 수 있을까 하여.

2020.08.15.

2020년은 여러 가지로 힘든 날씨다. 비바람, 열대야, 그리고 최악의 산불로 기억된다.
밤새 후끈한 열기에 잠 못 들고 뒤척거리다가 겨우 잘 수 있을 것 같은 새벽. 천둥번개와 함께 비바람이 몰아쳤다. 아침 풍경은 놀라웠다. 야드의 의자들이 날아가고, 펜스가 넘어가고, 여기저기 찢기고. 어안이 벙벙.

이곳은 12월, 1월, 2월 세 달 정도 비가 오면, 나머지 9개월은 비 한 방울 없이 심하게 건조하다. 여러 번 심한 산불로 고생한 캘리포니아이기에, 산불 가능성이 높아지면 숲이 아주 가까운 우리 동네는 작년엔 일주일을 강제 정전하기도 했다. 웬일이니... 이 아침에도 비를 뿌린다.

2020.08.16.

산불이다. 어제 저녁부터 하늘이 뿌옇더니 오늘 오전엔 온통 샛노랗다. Santa Cruz(우리 집에서 1시간 거리) 쪽은 대피하는 중이란다. 100도가 넘는 기온에 지치는데, 에어컨 없는 집에서 오늘은 문도 열 수가 없다. 호흡이 거칠어진다.... 코비드에, 이상고온에, 산불까지 지구가 자꾸 사인을 보낸다. 너무 아프다고. 우리 삶의 태도를 어떻게 바꾸어야 할지 심각하게 고민하게 된다.

2020.08.19.

내가 그렇게 마음 편하면 안 되는 거였어.
결국 우리 집 여기저기 펜스는 무너지고, 길 위에 신호등은 여러 곳 동작을 멈췄고, 도로보다 살짝 낮은 우리 집 차고는 밀려드는 빗물에 위험수위를 넘을락 말락 한다. 나는 장대비를 맞아 가며 모래주머니를 쌓아 물길을 만들고, 길을 막는 낙엽 더미를 걷어 내느라 온몸이 쫄딱 젖었다.
친구네는 정전이라며 우리 집의 안부를 묻는데, 출장 간 남편은 나의 호소에도 아랑곳하지 않고, 별일 없을 거라며 무심히 전화를 끊는다. 이 밤 무사히 지나가고 새날이 밝게 하소서.

2024.02.04.

2020년, 최악의 산불은 다행히 우리가 피난(?) 보따리를 싸지 않고 잘 마무리되었다. 다음 해, 그다음 해에도 긴 겨울 뼛속 시린 실내 추위와 잘 싸웠고, 겨울 우기 동안 물길이 막혀 우리 집 차고로 빗물이 들이치지 않게 야밤 보초를 섰고, 따뜻한 초록 봄에 잠시 기지개를 켰다가, 뜨거운 여름의 태양 아래 지치지 않고 버텨 냈다. 몇 해를 살아도 캘리포니아의 날씨는 여전히 적응되지 않는다.

그럼에도 불구하고 나는 캘리포니아 날씨가 좋다. 며칠을 쉬지 않고 비가 내려도, 수면 양말에 털 슬리퍼에 털 조끼를 입고 전기 히터를 무릎 앞에 바짝 붙이고 앉아야 하는 수고로움이 있어도, 강력한 햇볕에 온 얼굴이 새까만 기미로 뒤덮여도 좋다. 비는 우기가 지나면 멈출 것이고, 봄이 오면 우리 집 넓은 창으로 햇살이 가득 찰 것이고, 나무 그늘 아래로 발을 옮기면 살랑한 바람이 불어올 것을 알기에 기다릴 수 있다. 기다리면 결국엔 다 괜찮아진다는 것을 나는 캘리포니아 날씨에서 배웠다. 늘 내가 원하는 목표를 세우고, 그 목표를 향해 내가 최선을 다해서 달린다면 못 할 것이 없다고 자만하던 나는, 이곳에 와서 '노력은 배반하지 않는다'는 가치관을 내려놓았다. 이곳은 나에게 인내가 얼마나 귀하고 값진 일인지 알게 했다. 삶 속에서 내가 좌지우지 할 수 있는 일은 생각보다 많지 않다. 흘러가는 대로 봐 주고 기다리면, 내 것과 내 것이 아닌 것을 자연스럽게 알게 된다. 기다림 끝에 나에게 온 것들에 감사하게 된다.

봄_우리 집 1
Acrylic, 30.5×40.5cm, 2020

나를 알려드립니다

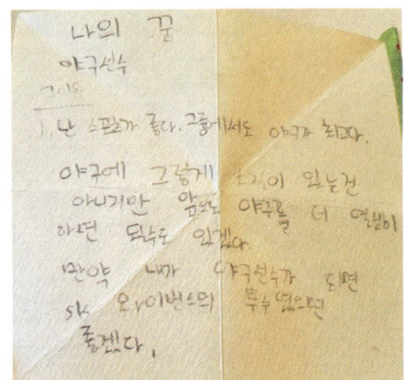

멈추어 고민해도 답이 없음을 알기에

〈나를 알려드립니다〉
글 - 이기석, 그림 - 이기석

* 내가 좋아하는 것들
1. 친구와 야구하기
2. 프로 야구 보기
3. 야구 게임 하기

* 내가 좋아하는 사람들
1. 아빠 - 나의 스포츠 파트너가 되어 준다.
2. 엄마 - 많이 싸우기는 해도 항상 내 편.
3. 동생 - 항상 나를 골탕 먹이지만 참 활발하다.

* 내가 좋아하는 야구 선수
1. 김광현(SK 와이번스, 투수)
2. 김선우(두산 베어스, 투수)
3. 박정권(SK 와이번스, 1루수)
4. 류현진(한화 이글스, 투수)
5. 박경완(SK 와이번스, 포수)
6. 이종욱(두산 베어스, 중견수)
7. 최정(SK 와이번스, 3루수)
8. 양현종(기아 타이거스, 투수)
9. 김재현(SK 와이번스, 지명타자)

* 나의 꿈: 야구 선수
난 스포츠가 좋다. 그중에서도 야구가 최고다. 야구에 그렇게 소질이 있는 건 아니지만, 앞으로 야구를 더 열심히 하면 될 수도 있다. 만약 내가 야구 선수가 되면 SK 와이번스의 투수였으면 좋겠다.

　이삿짐 정리는 해도 해도 끝이 없다. 그래도 그 와중에 지나간 추억들을 만나게 된다.
　기석이가 초등학교 1학년이나 2학년쯤에 만들었을 작은 책을 펴 보게 됐다. 어렸을 때 꿈이 야구 선수였던 건 알지만, 이렇게 간절했는지는 몰랐다. 마음이 울컥하여 눈물 날까 봐 괜히 딴청을 해 본다. 중고등학교 시절 운동은커녕 게임에만 빠져 있어서, 옆에서 보는 엄마는 걱정이 많았다. 물론 이곳에 와서도 밤새우고 게임 삼매경이지만, 매일 세 시간씩 야구하고 오는 아들을 보니 좋다. 공부는 여전히 뒷전이어도 표정이 많이 밝아져서 참 좋다. 어려서부터 하고 싶었던 그 꿈을 늦게나마 다시 경험할 수 있게 한 이사여서 다행이다.

2018.02.08.

한국에서 지내던 시절, 아들과 나의 관계는 여느 모자 관계처럼 평범(?)했다. 엄마인 나는 아들에 대한 플랜을 거창하게 세워 두고, 아들을 공부로 등 떠밀었다. 아들은 공부하는 걸 죽도록 싫어했지만, 결과는 늘 나쁘지 않았다. 특히나 장애를 가진 둘째를 둔 나는 공부 좀 하는 첫째에게 그 패배감을 보상받고 싶었는지도 모른다. 그래서 더더욱 아들을 공부로 몰았다. 야구도 좋아하고, 그림 그리는 재주도 나쁘지 않고, 책 읽고 수다하는 것을 좋아했던 아이는 곤충 탐구에도 관심이 많았다. 교육청 과학영재원을 다녔던 아이를 보니 욕심이 났다. 할 수 있을 것 같았다. 아이의 가장 큰 재주는 공부라고 결론짓고 그곳으로 달리기로 했다. 이 모든 것이 다 아들, 너를 위한 거라며 힘주어 말했었다. 그러나 사춘기를 지나며 아들의 반발은 더욱 강해졌고, 우리는 서로에게 너무도 지쳐 있던 시절이었다. 아들이 힘겹게 고등학교 1학년을 마무리할 무렵, 남편의 미국 주재원 발령이 났다.

우리가 미국에 와서 해결해야 할 가장 큰 숙제는 '아들'이라고 생각했다. 아쉬움 없이 서포트를 해 주고 싶은 게 아빠 엄마의 마음이지만, 아들의 불만 사항을 파악하지 못한 우리는 답답했다. 내가 먼저 아는 척해서 해결할 수 있지 않다는 생각에 조용히 기다리기로 했다. 환경의 변화가 아들에게 긍정적인 역할을 해 내길 소망하면서.

드디어 아들이 10학년으로 학교 등교를 시작했다. Counselor와 아침 일찍 만나서, 수업 시간표를 정하고, 12학년 선배가 학교 안내를 해 줬다. 교과서를 받은 아들은 너무나 덤덤하게 교실로 들어간다. 하지만 나는 학교 수업이 끝나는 오후 2시 반까지 걱정에 시계만 계속 보게 된다. 하교 시간, 밝은 표정으로 학교 밖으로 나오는 아들을 보니 마음이 좀 놓인다. 수업도 나쁘지 않았던 것 같고, 점심시간에 피자도 한 쪽 사 먹은 걸 보니 앞으로도 잘 지낼 것 같아 다행이다.

2018.01.22.

아들 학교에 빠진 서류를 제출할 계획으로 갔다가 Counselor Saiki와 갑자기 미팅까지 하게 됐다. 기석이는 시간표를 조정하는 데 자꾸 주저한다. 아무래도 해야 하는 수업들이 부담스러워서 자기 마음에 들지 않는 눈치다. 결국 오늘 미팅에서 시간표를 마무리하지 못하고, 월욜에 한 번 더 만나기로 했다. 벌써 학교가 2학기를 시작한 지가 2주나 지나 버려서 나는 마음이 바쁜데, 아들은 넘 느긋하다. 미룰 수 있을 때까지 미루고 싶은 속내가 읽힌다. 나중에 못 들은 수업 내용을 메꾸려면 본인이 고생할 텐데, 그다음을 내다보지 못 보는 게 안타깝다.

2018.01.23.

그 후로 몇 년이 또 흐르고, 이 일기를 읽는 지금 나는 다른 마음이 든다. 나는 한국을 떠나면서 아이를 자유롭게 살게 하겠노라 다짐했지만, 그 다짐은 진짜가 아니었던 것 같다. 나의 조급함이 고스란히 드러난다. 여전히 욕심에 갇혀 내려놓지 못하고 있었구나.

아들은 이번 주부터 학교에서 야구를 시작했다. 초등학교 시절, 야구하고 싶다는 아들에게 재주가 없으니 하지 말라고 했던 게 항상 맘에 남아 있었는데, 학교 스포츠팀 야구 유니폼을 입고 나타난 아들을 보니 괜히 기특하다. 잘하든 못하든 상관없이 하고 싶은 일에 도전하는 용기를 칭찬하고 싶다. 미국 오는 비행기를 마지못해 타고 온 아들인데, 운동을 시작하면서 표정도 밝아지고 학교생활에도 잘 적응해 가고 있어서 내 마음도 편안해진다. 아들의 몸과 마음이 건강해진다면, 나는 운동복 심부름쯤은 하루에 몇 번이라도 즐겁게 할 수 있다. (오늘은 가깝지 않은 학교를 네 번이나 갔다. 첫 번째, 아침 8시 등교. 두 번째, 12시 점심시간에 기석이 운동복 배달. 세 번째, 2시 반 하교 시간에 기석이 운동복과 양말 배달. 네 번째, 6시 운동 끝나는 시간에 다시 픽업. 거기다 매번 30분 이상씩 기다리는 건 필수. 정말 지치지만, 그래도 기분은 좋다.)

2018.01.30.

BACK - TO - SCHOOL NIGHT.

한국의 학부모총회와 같다. 아니 다르다.
Quad에 들어서니, 여러 Booster group들이 활동을 홍보하느라 분주하다. 나도 여기저기 귀를 열어 본다. Drama club의 Audition에 솔깃해지고, Counseling과 Support service를 해 주는 CASSY 테이블에도 오래 머물러 있었다. 자유로운 분위기에서 교장선생님의 인사말과 스태프 소개를 마치고, 학부모들은 아이들의 시간표대로 교실을 찾아 움직인다. 아이들도 학교에서 이렇게 생활하겠지. 과목 선생님들이 수업에 대한 설명을 준비하고 기다리신다. 한국의 교실 분위기와 너무 다른 생기가 느껴진다. 이 환경에서 이런 배움을 하는 아들이 얼마나 부럽던지. 넌 참 좋겠다. 한편으로는 좀 더 일찍 이런 환경에 왔더라면 어땠을까 하는 아쉬움도 들긴 했다. 그랬으면 우리의 거리감도 지금보다는 조금 더 가까웠을라나.
지금이 우리에게 최선이다.

2018.08.22.

이렇게, 아들은 오고 싶지 않았던 미국 생활에 차츰 적응하는 것 같았다. 나도 주변의 정보를 모아 아들의 하이스쿨 생활에 도움이 되고 싶었다.

지인의 소개로 오전에 사라토가 어머니회 1월 모임에 다녀왔다. 이곳에서 태어나서 자란 아이들부터, 주재원 아이들까지 다양한 조건과 다양한 나이를 가진 자녀를 둔 한국 엄마들 모임이다. 특히나 오늘 1월 모임은 졸업한 자녀를 둔 엄마들이 어떻게 하이스쿨을 지냈고 대학을 진학하는 과정을 듣는 자리여서, 이 동네 쌩초보맘인 나에게는 필요하기도 하고, 머리 복잡해지는 시간이기도 했다.

일단 기석이는 10학년 2학기로 시작하는데, 한국에서 들은 수업들 중에서 인정되는 수업들을 체크해 보고, 빠진 과목들은 여름방학을 이용해 무조건 썸머 스쿨에서 학점을 채워야 졸업이 된단다. High School이나 Community College 썸머 수업을 미리 신청해야 한다니 정신 바짝 차려야겠다.

학교 카운셀러와 학교생활에 어려운 점들을 해결할 수 있다고 알고 있었는데, 엄마들 말로는 학교 카운셀러 말만 들으면 낭패를 보는 수가 있으니 개인 카운셀러가 필요하다고 했다. 그래도 학교생활을 하는 데는 학교 카운셀러와 긴밀한 관계는 필수인 것 같다. 또한 선생님들에게도 적극적으로 많은 이야기를 나누는 것이 중요하다고 했다. 이곳 아이들은 학교 수업을 1시간 들으면 그 2~3배의 시간을 들여 숙제를 한단다. 보통 새벽 2~3시까지. 숙제가 가장 중요한 공부이고 점수가 된다니, 숙제 절대 해 본 적 없는 아드님이라 살짝 걱정이 된다.

Saratoga High School은 캘리포니아주에서 세 손가락 안에 드는 학교라서, 아이들이 아주 우수하단다. 그에 비해 선생님들 수준이 높지 않다는 황당한 얘기도 해 준다. 학교가 잘 가르치는 게 아니라 아이들이 잘해서 좋은 평가를 받는다니, 한국과 별반 다르지 않아서 완전 실망했다. 심지어 과목별 학원을 찾아가기도 한다고 해서 깜놀했다. 한숨만 푹푹 나오더라는.

아이들의 동아리 활동은 여기서도 아주 중요하다. 기석이가 10학년 2학기니까, 여기저기 기웃거리기보다는 한두 개를 정해서 12학년 졸업까지 열심히 하는 게 필요해 보인다. 운동 쪽은 무리일 테고, 음악은 악기를 해 본 지 너무 오래고, 연극이나 뮤지컬도 있다고 하니 기석이에게 멋진 도전이길 바란다. 여기서 기석이가 학년 말 공연 무대에 서는 걸 꼭 보고 싶다.

봉사활동도 중요한데, 한국에서 제대로 봉사활동을 못했으니, 여기서는 좀 더 열심히 해 주길 바랄 뿐이다. 자녀를 이미 대학에 보낸 엄마의 팁으로는 산호세 한글학교에서 주말 봉사를 했던 게 좋았다고 했다. 슬쩍 기석이에게도 권해 봐야겠다.

이 모든 상황을 종합해 보건데, 기석이는 너무나 열악한 상황이다. 엄마 아빠가 해 줄 수 있는 건 없고, 모두가 본인 몫이라서 더 안타깝다. 데리고 올 때는 한국보다는 나을 거라고 꼬셨는데, 그닥 긍정적인 상황이 아니라서 걱정이다. 그래도 일단 부딪혀 보는 거지 뭐. 기석이에게 번개를 내리소서. 번쩍!!!!!

2018.01.16.

한국만 입시 지옥인 게 아니었다. 푸른 꿈을 안고 온 이곳도 쉽지 않다고 느꼈다. 하지만, 그때는 내가 너무도 몰랐다. 미국에서는 대학을 갈 수 있는 다양한 방법이 더 있다는 것을. 늦게 공부를 시작한 경우라도 Community College에서 2년 정도를 공부한 후에 다른 대학으로 편입하는 루트도 있다.

어느 대학으로 입학했느냐가 남은 인생을 결정하는 한국과 달리, 미국은 시작점보다 어느 과정을 거쳐 어떻게 마무리되느냐가 훨씬 더 중요하다는 걸 몰랐다. 본인도 많이 두렵고 힘들었을 텐데 그 마음을 다독여 주지 못하고, "남들이 이렇게 했다더라!" "너도 이렇게 해야 한다!" 숨 쉬지 못하게 한 것 같아 지금도 마음이 아프다. 미국 생활이 처음인 아빠 엄마가 무지함으로 아이를 여전히 코너로 몰았던 시절이다.

아침 일찍부터 비가 제법 온다. February break가 끝나고 등교하는 월욜이라 몸도 마음도 바쁜데, 비까지 오니 괜히 더 급해진다. 아들의 등교 담당인 남편은, 아들에게 오늘부터는 걸어서 등교하라는 말만 남기고 홀연히 출근을 해 버린다. 아들은 알아서 가겠다고 하고는 너무도 느긋하기만 하다.
나는 가슴에 두근두근 소리가 커진다. 서울에서도 지각을 밥 먹듯이 하던 아이라 여기서도 학교에 늦을까 내가 신경이 곤두선다. 내 맘도 몰라주고 일찍 사라져 버린 남편이 야속하기도 하고. 나는 하윤이와 먼저 차를 타고 기다린다. 1분, 2분, 5분, 7분... 아들은 역시 내 예상대로 늦는다. 그렇다고 내가 먼저 가 버리면 무조건 지각일 텐데, 출발도 못하겠다. 한참 후에야 차에 타더니, 이제는 투덜거리기 시작이다. 비 오니까 우산 챙기라고 코앞에 두고 나왔건만, 몸만 빠져나오고는 우산 없다고 짜증이다. 맘 같아서는 한판 소리 질러 주고 싶지만, 꾹 참았다. 학교 가는 길이라서 꾹 참았다. 조용히 다운타운 사거리에 내려 주니 잠바를 뒤집어쓰고 뛰어간다.
그리고 하윤이는 학교에 지각했다. 물론 아들도 지각했겠지.
아침 편두통이 다시 스멀스멀 시작된다.

2018.02.26.

다행히 10학년 2학기 학교 성적을 기대 이상으로 좋게 마무리한 아들은, 여름방학을 한국에서 보냈다. 그리고 밝은 표정으로 집에 돌아왔다. 다 괜찮은 줄 알았다. 이제 적응이 된 줄 알았다. 그런데, 11학년을 시작한 아들은 더더욱 힘들어했다. 밤에 잠들지 못했고, 예민해지고, 밥도 먹지 않았다. 그러다 하루 이틀 학교를 가지 않았다. 아니 가지 못했다. 방 밖으로 나오는 게 힘들어졌다. 우리가 이곳에 온 후 1년을 채우지 못하고, 아들은 결국 홀로 한국으로 돌아갔다.

우리 가족 중에서 가장 영어를 유창하게 잘하는 아들이 가장 잘 적응할 줄 알았다. 오판이었다. 언어의 문제가 아니었다. 아들의 마음을 제대로 읽어 내지 못한 나는 부모로서 무능했다. 미국에 오고 싶어 하지 않던 아들은 한국에서 그냥 학교를 다니고 싶다고 분명히 얘기했었는데, '가족은 함께 있어야 한다'며 억지로 데리고 왔던 게 첫 번째 잘못이고, 내성적인 아들에게는 언어보다 Culture Difference가 훨씬 더 넘기 어려운 장벽이었음을 간과한 게 두 번째 잘못이고, 나도 이곳에 적응하기 버거워서 아들의 마음이 무너져 가는 것을 몰라서도 모르고, 모르고 싶어서도 모른 척했던 게 세 번째 잘못이고, 이런 나의 잘못을 아들에게 미안하다고 말할 용기도 내지 못한 게 가장 큰 네 번째 잘못이다.

그 후로 우리의 시간이 어떻게 흘렀는지 모른다. 이렇게까지 바닥나 버린 우리의 상황을 수면 위로 올려서 마주할 자신이 없어서, 겉으로 태연한 척 누구도 이야기를 꺼내지 못했다.

아들은 한국으로 돌아간 뒤, 에너지를 회복하는 데 몇 해를 보냈다. 그리고 어느 날 전화가 걸려 왔다.

"연기 학원에 가고 싶어요."

집 밖으로 나오기 위해 무던히 애썼을 것이다. 아들은 이제 꿈을 꾼다. 카메라 앞에 서고, 무대에 오르고, 자기 목소리를 꺼낸다. 여전히 무너지고 힘들어하는 순간들을 반복하지만, 그것 또한 아들에게 귀한 시간들임을 안다. 누구의 기대도 아니고, 누구의 강요도 아니고, 오직 너만이 너에게 꿈꿀 수 있는 그런 내일을 살아가거라. 항상 응원을 보낸다.

Hello,
my name is Hayoon Lee

Redwood Middle School에서 Meeting을 했다. 하윤이를 위한 최선의 계획을 세우기 위해, 선생님들이 얼마나 고민하고 또 고민하는지 충분히 느낄 수 있는 시간이었다. Special education director와 Special teacher, 심리 담당 선생님과 통역으로 한국인 선생님이 함께했다. 영어 소통이 어려운 하윤이를 위해, Chrome book 컴퓨터와 아이패드의 구글 번역기를 이용하기로 했다. Special class에서 로제타스톤으로 영어 기본 수업을 하고, Social studies와 Language arts 수업도 하기로 했다. Orchestra도 할 수 있게 됐고, 마지막 시간에는 다시 Special class에서 학교 숙제도 도와주신단다. 하윤이가 좋아하는 미술 수업을 못 해서 아쉽다고 했더니, Social studies 수업을 6주 정도 쪼개서 Art 수업을 할 수 있도록 조정해 본단다.

멈추어 고민해도 답이 없음을 알기에

최대한 아이와 학부모가 원하는 방향으로 수업을 이끌어 가려고 선생님들끼리 분주하게 의견을 나누신다. 한국에서 장애 학생의 교육 목표와 이곳의 교육 목표가 너무 달라서 놀랐다. 비장애 학생들과 똑같이 모든 학습 과정을 거쳐서 최종적으로는 똑같은 학습 능력을 가질 수 있게 하겠다고 했다. 차별하지 않겠다는 학교의 교육 의지는 감동이었다. 레드우드의 Special education 자부심에 믿음이 간다. 다음 주부터는 하윤이의 등교다. 내가 더 떨리긴 하지만, 하윤이를 믿고, 학교를 믿기에 좋은 시작이 될 거라고 확신한다. 아자!!!!!

2018.01.25.

....

오늘 하윤이의 Redwood Middle School 첫 등교를 앞두고, 어젯밤부터 나는 너무너무너무 떨렸다. 하윤이 가방을 열었다 닫았다 하고, 하윤이에게 했던 말을 또 하고 또 하고 반복했다.

오늘 아침도 새벽같이 눈이 떠진다. 도시락은 심플하지만 마음을 가득 담아서 쌌다. 내가 오늘 하윤이를 위해 해 줄 수 있는 게 이거밖에 없다. 나머지는 이제 하윤이가 헤쳐 나가야지.

하윤이도 깨우자마자 벌떡 일어난다. 평소보다 더 빠른 속도로 학교 갈 준비를 마친 하윤이는 아이패드를 들고 앉았다. 그러고는 "화장실 가고 싶어요." "오케스트라는 어디에서 해요?" 등등 자기가 필요한 말들을 구글 번역기로 찾아본다. 영어로 읽어 본다. 애쓰는 모습이 기특하기도 하고, 괜히 짠하기도 하다.

7시 30분, 일찍 출발했다. 첫날이니까.

평소 차에서 중얼거림이 많은 하윤이는 오늘따라 중얼거림도 영어다ㅋㅋ "Excuse me." "Yes!"

학교 Office에는 오늘 도우미가 되어 줄 8학년 언니, 오빠가 기다리고 있었다. 다행히 하윤이 표정이 즐거워 보여서, 학교 안으로 들여보내는 내 마음이 한결 가볍다. Counselor 안젤라 쌤이 넘 걱정하지 말라며, 나를 토닥여 주신다. 오후 3시. 조마조마하며 기다리는데, 하윤이가 활짝 웃으며 학교를 나온다. 깊은 숨을 내쉬며, 이제야 나도 웃을 수 있다. 하윤이는 오늘 재미있었다며, 내일 또 학교 오고 싶단다. 선생님한테 이름도 물어보고, 오케스트라 수업도 재밌었다고 하고, 도시락도 깨끗이 비워 온 걸 보니, 오늘은 아주 만족스러운가 보다. 내일도 모레도 밝은 모습으로 하교하는 하윤이를 보고 싶다.
하윤아~ 너 오늘 넘 멋졌어.

2018.01.29.

하윤이가 등교한 지 3개월 후, 학교에서 IEP 미팅이 있었다. 물론, 한국에서도 IEP를 해마다 했었지만, 그렇게 중요하다는 걸 몰랐고 많은 의미를 두지도 않았다. (지금도 한국의 장애 아동 부모들은 모를 거라고 생각한다. 특히 여기서 Special Education은 심각한 장애를 가진 아이에게만 필요한 것이 아니라, 일반 아동이지만 아주 조금의 지원만으로도 훨씬 나아질 수 있는 좋은 프로그램이라는 것을 미리 알려 주고 싶다.)

그 미팅에 참석한 인원이 어마어마해서 깜짝 놀랐다.

먼저 현재 하윤이 담당 Special Teacher(이분은 우리가 그동안 잘못 알고 있었다. Resource Class Teacher로 Special Class에 배정되기 전에 잠시 머무르거나, Regular class를 좀 더 쉽게 (보충수업?) 가르쳐 주는 선생님이다. 하윤이는 아직 정확한 분석(?)이 되지 않은 학생이라서 그 교실에서 수업을 했던 것 같다. 정말 디테일하고, 체계적인 학교 시스템이라는 생각을 하게 된다.)

2018-2019 하윤이를 담당할 Special Teacher(이 선생님 클래스에 가게 되면, 그 때부터 전폭적인 지원이 시작된다. 당장 이번 Summer School부터 함께할 수 있게 됐다.)

School Psychologist(학교에 상주하는 심리 선생님. 지난 두 달 동안 규칙적으로 하윤이를 아주 자세하게 관찰했다. 교실 상황, 친구들과 관계, 선생님과 관계, 그리고 여러 가지 Autism sign들을 체크하고, 심리검사 등을 통해 아이를 종합적으로 분석했다. 부모 질문지(이것도 양이 어마어마해서 힘들었다ㅠ)와 한국에서 담당했던 선생님들 의견(강명초 6학년 담임쌤, 특수쌤, 놀이치료쌤)들도 참고해서 결과지를 만들어 오셨다. 우리가 알던 부분들뿐만 아니라, 새롭게 알게 된 이야기도 많았다. 정말 놀라운 분석이었다.)

Speech-language Therapist(앞으로 일주일에 한 번씩 하윤이의 언어치료를 좀 더 집중적으로 담당할 선생님. 별도의 프로그램보다는 수업 안에서, 아이의 학교생활 안에서, 필요한 스피치를 가르친단다. 하윤이의 강점과 약점을 정확히 분석해 오셨고, 필요한 수업 방향까지 아주 자세히 설명해 주신다. 영어 공부는 학교에서 집중적으로 하고, 집에서는 한글 책을 많이 읽는 것이 아이의 언어 수준을 높이는 데 아주 중요하다고 말하신다. 국어 잘하는 아이가 영어도 잘할 수 있다는 진리를 확인함ㅋ)

7th Korean-American Teacher(한국어가 조금 가능한 선생님이라서 우리의 통역을 위해 미팅 때마다 함께해 주신다. 특히 어머니가 한국분이어서 한국어를 조금 이해하실 수 있는 분이라니 하윤이에게 훨씬 안정감을 줄 수 있을 것 같다.)

Orchestra Teacher(이 부분은 정말 놀라웠다. IEP 미팅에 교과 선생님도 참석하시다니. 한국에서는 상상도 못 할 일이다. 오케스트라 선생님은 그동안 수업에서 하윤이를 관찰했던 이야기를 해 주셨다. 그 얘기를 들으면서 나는 가슴이 벅차올라서 눈물 터질 뻔했다는. 편견은 1도 없으시고, 이 아이의 음악적 재능과 그 열정과 성실함에 너무 감동했다고. 놀라운 아이라고 엄청난 칭찬을 하셨다.)

PE Teacher(수많은 아이들을 수업에서 만나면서도 하윤이를 정확히 기억하고 있다는 게 놀라웠다. 선생님도 하윤이를 자세히 알고 계셨다. 보고 모방하는 것은 아주 잘한다. 지금 PE 시간에 축구를 하는데, 개인 드리블이나 기술은 잘 따라 하지만, 팀 경기 안에 넣었을 때는 다른 사람들의 행동을 미리 예상하지 못해서 가만히 있다고. 그리고 줄넘기는 엄청나게 잘한다고 마지막에 칭찬하는 것도 잊지 않으셨다.)까지 총 7명의 선생님이 이 미팅에 참석하셨다. (Art Teacher의 의견은 다른 선생님이 대신 전해 주셨다. 여기에 Art에 대한 이야기는 기록하지 않는다. 모두들 짐작하는 것 그대로 얘기해 주셨으니까ㅋ)
2시간이 넘는 시간 동안 정말 많은 이야기가 오고 갔다. 너무나 겸손한 영어 실력 때문에 나는 30분 이상 집중하는 게 힘들었지만, 선생님들의 열정과 정성은 충분히 느낄 수 있었다. 한 아이를 위해 관련된 모든 선생님들이 생각과 마음을 모으는 모습이 정말 감동적이었다. 한 해 동안 이 선생님들은 하윤이의 목표를 향해서 같이 노력할 것이 눈앞에 그려진다. 1년 후 하윤이는 어떻게 달라져 있을까, 나는 벌써부터 기다린다.
그렇게 미팅을 마무리하는 시간, 선생님들이 말했다.

"She is a lovely girl."

2018.05.07.

Back to school night.

아침이면 학교 가기 싫어서 눈 안 떠지는 날은 없겠다. 그냥 허투루 보내는 시간은 없다. 선생님이 일방적으로 말하고 아이들은 무조건 따르는 교실 시스템은 한국에 버리고 온 지 오래다. 아이들은 저마다의 골을 향해 선생님과 긴밀한 커넥션을 가진다. 아이들은 날마다 조금씩 성장하고 오늘과 다른 내일이 기대된다.
아쉽고 안타깝고 속상한 일들이 참 많지만, 그래도 이곳 미국에 오길 잘했다는 생각이 드는 이유다. 학교가.

2019.08.28.

다음 주면 하윤이의 미들 스쿨 생활이 끝난다. 오늘 수업에서는 사진을 보면서 지난 1년을 추억했다. 아쉽게도 코로나 영향으로 3월부터는 온라인 수업을 해서, 친구들을 만나지 못했지만, 그 전에 신나는 이벤트들이 참 많았구나. Activity Night, Halloween Party, Christmas Party, Peter's Birthday, Coffee Cart. 하윤이가 낯선 이곳에서 잘 적응할 수 있도록 도와준 선생님들과 친구들에게 고마움이 크다. 하이스쿨에서도 좋은 인연들을 만날 수 있길 바란다.

2020.05.28.

하윤이의 미들스쿨 졸업식. 우리 집 거실에서 온라인으로 졸업식을 하게 될 거라고는 한 번도 상상하지 못했다. 하지만 시간이 지나고 나면 오늘도 즐거운 추억이 될 거야. 하윤아 넘 축하해. 우린 항상 네가 자랑스럽단다. 멋진 하이스쿨러의 모습도 기대할게. Congratulations!

2020.06.06.

하윤이는 이번 가을 학기에 하이스쿨러가 되었다. (한국의 친구들은 중3인데 하윤이가 고등학생이 됐다고 하면, 넘 빠른 거 아닌가 하는 분들이 있을 텐데… No! 생년월일로 학년을 나누는 이곳 기준에 따르면 8월생 하윤이는 10학년이 되어야 맞다. 하지만… 1년 낮춰 준 School district 덕분에 지금 9학년을 시작할 수 있었다. 앞으로 4년 동안 하윤이가 많이 배우고 많이 성장하길 바란다.) 하지만 안타깝게도 팬데믹 상황이라 이번 가을 학기는 전부 온라인 수업으로 진행된다. 결국 집에서 엄마가 서포트를 해야 하는 상황이다.

지난 주 3일 동안 신입생 전체 오리엔테이션과 과목별 오리엔테이션을 하고, 어제부터 본격적인 수업이 시작했다. (나는 카메라 앵글에 걸리지 않게 앉아서 하윤이와 모든 시간을 함께하는 중이다.) 원래도 안 되는 영어는 팬데믹 상황에서 올 스톱되고, 집 안에만 갇혀 여기가 미국인지 한국인지 구별 안 되는 날들 가운데 살다가, 쏟아져 내리는 영어에 잠식되어 멘털이 너덜너덜해지면, 나는 오후엔 기절 낮잠으로 방전된 에너지를 채워야만 한다. 속 모르는 친구들은 그렇게 하면 영어 늘겠다며 열심히 하라고 다독이지만, 내 영어는 이미 이번 생에는 가망 없고, 스트레스를 쌓았다 풀었다만 반복할 것으로 예상한다. 그래도 나의 애씀이 조금이라도 하윤이에게 도움 된다면 해야지. 사뿐히 나를 지르밟고 가소서.

2020.08.18.

1년을 넘게 하윤이와 함께 매일 오전 온라인 수업을 했다. 지난 3월부터는 하이브리드로 학교를 갈 수 있었지만, 나와 하윤이의 루틴을 깨고 싶지 않아 백신을 아직 안 맞았다는 이유를 들었다. 지난주 수욜, 9학년을 마무리했다. 아쉬움이 많은 1년이지만, 함께한 우리의 시간에 뿌듯함이 더 크다.

그리고 오늘 In-Person으로 Summer Camp를 시작했다. 그동안 온라인 수업에 묶여 있었던 하윤이는 설레는 마음으로 신나게 달려 들어갔다. 오늘부터 4주 동안 친구들과 즐거운 시간 보내렴.

2021.06.07.

길고 길었던 방학이 끝나고, 드디어 10학년 가을 학기가 시작되었다. 지난 9학년에 집에서 온라인 수업을 했기 때문에, 오늘이 실제로는 첫 하이스쿨 등교였다.

두둥~ 여전히 처음은 설렘보다는 긴장지수가 훨씬 높다. 아침 내내 학교 가면 하지 말아야 할 나쁜 예를 반복적으로 하윤이에게 주지시켰고, 세상일이 다 내가 원하는 대로 돌아가 주지 않을 수도 있다는 것과, 그렇다고 잘못된 것은 아니니 그러려니 하라고 떠들어 댔다. 하윤이는 물론 알겠다는 건성의 대답으로 흘렸을 테지만, 아마도 나에게 하는 마인드컨트롤이었을 거다. 나는 아직도 걱정이 너무 많다. 덤덤한 척, 쿨한 척 하지만, 이런 날이면 여지없이 나의 불안이 드러난다. 오전 내내 핸폰만 바라보고 있었고, 환하게 웃으며 나오는 하윤이를 픽업했다. 그러고 나서야 막힌 숨이 내쉬어졌다.

2021.08.12.

In-person으로 학교 수업을 한 지 3주 차. 하윤이의 긴장과 스트레스는 여전히 진행 중이다. 도시락을 챙기느라 들여다본 하윤이 가방에서 발견한 핑크색 박스. 열어 보니... 다양한 스트레스 해소용 토이들이 들어 있다. 하윤이의 학교생활을 돕기 위한 선생님의 깊은 배려에 마음이 따뜻해지는 순간이다. 오늘도 학교 잘 다녀오너라.

2021.09.02.

하윤이의 12학년이 시작됐다. 정규교육의 울타리 안에서 배우고 성장할 수 있는 마지막 1년이다. 매해마다 최선을 다하지 않은 때는 없었지만, 마지막이라는 단어에서 미련을 떨쳐 버리기는 쉽지 않다. 걱정 인형 하윤이는 역시나 긴장된 눈빛으로 새 학년을 시작하고 있지만, 네가 얼마나 잘하고 싶어 하는지 그 마음을 알기에, 염려보다는 응원을 보낸다.
12학년도 하던 대로 열심히 즐겁게 잘 지내 보자꾸나.

2023.08.17.

겨우 알파벳과 미국에서는 영어 말을 써야 한다는 것만 아는 12살 자폐성 장애 하윤이는, 누구라도 쉽게 짐작할 만한 높은 긴장과 불안을 안고, 홀로 미국 학교에 들어섰다. 나도 하윤이 초등학교 1학년 입학식 이후 매일 교문 앞을 종일 서성거렸던 그 떨림으로 휴대폰만 꽉 움켜잡고 하루를 보냈었다.

참 많은 일이 있었다. 미들스쿨 PE 시간에 늘 배드민턴 파트너로 오던 친구가 아닌 다른 아이가 오자 (하윤이는 루틴의 상황대로 움직인다. 바뀐 루틴에 대한 아무런 설명이 없으면 불안해진다. 늘 같은 상황에서 만나는 사람도 하윤이에게는 하나의 루틴이다.) 싫다는 의미로 "NO! NO! NO!"만을 외쳤고, 파트너 아이가 아무 반응을 하지 않자, 그 아이를 심하게 밀쳤다. (한국에서도 그렇지만, 미국에서 다른 아이를 때리는 행위는 어떤 이유에서도 용납되지 않는다.)

PE 선생님은 바로 하윤이를 분리시키고, Special Education Teacher가 왔다. 선생님은 하윤이가 너무 격앙되어 있어서 체육관 밖으로 데리고 나가 쉬는 게 필요하다고 생각하시고, 하윤이에게 나가자고 했다. 하윤이는 나가서 혼날까 봐 두려워서 버티다가 어쩔 수 없이 선생님과 밖으로 나갔다. 나가는 과정에서 하윤이는 속상한 마음이 온 힘으로 모여 선생님의 팔을 아프게 꼬집었다.

나는 이 상황에 대해 그날 오후 장문의 메일을 받았고, 또 이런 일이 생기면 그때는 학교 선생님들과 미팅을 하자고 했다.(한마디로 학교로 부모 호출이다.) 그 후로도 크고 작은 일들은 자꾸 터졌다. 같은 반 친구가 심하게 울자 (하윤이가 세상에서 가장 못 견디는 소리가 울음소리다.) 하윤이는 "Don't Cry." 라고 하면서 친구의 눈물을 닦아 주려고 했다. 선생님은 하윤이 마음이 이쁘다고 칭찬까지 해 주셨단다. 그런데 그 손에 얼마나 힘이 잔뜩 들어갔는지 친구의 얼굴을 때리듯이 닦아서, 그 친구는 더 심하게 울고 하윤이는 더 흥분하고 선생님은 아이들을 떼어 놓느라 애먹으셨다고 했다. 그 후로 우는 상황이 발생하면, 선생님들은 하윤이를 단속하느라 더 바빠지셨다.

나는 안 되는 짧은 영어로 하윤이의 입장을 설명했고, 그런 행동을 다시는 하지 않도록 하기 위해 선생님과 몇 번에 걸쳐 미팅을 해야 했다. 지금 생각해도 아찔하다. 그래도 아이의 변화를 위해 학교의 모든 선생님들이 함께 상의하고 부모의 의견을 적극 경청하는 태도는 충분히 훌륭했다. 모든 잘못은 부모가 제대로 가르치지 않아서 생긴 거니까 책임지고 '집에서 똑바로 교육시켜 와라'가 아니라, 학교에서 교육할 수 있는 방법을 찾는 데 우선순위를 두고, 집에서 부모님이 도와줄 부분들을 조율했다. 지금도 여전히 센서리 문제들이 완전히 사라지지 않았지만, 학교에서 최선의 방법을 찾아 줄 거라는 믿음이 생겼다.

7년의 시간이 흐르고 보니 이제는 웃을 수 있다. 지금도 여전히 하윤이는 학교에서 자잘한 에피소드들을 만들고, 심지어 수업 시간에도 속상한 마음을 엄마에게 전화해서 말하지만, 내가 해결하지 않아도 학교 선생님들께서 하윤이를 잘 서포트할 것을 알기에, "선생님한테 말하고 기다려. 그러면 해 주실 거야." 하고 편안한 마음으로 그 전화를 끊을 수 있다.

　올해 6월이면 하윤이는 하이스쿨도 졸업하게 된다. 이제 성인이 된 하윤이가 만나야 할 세상은 학교 울타리 안에서처럼 호락호락하지 않음을 안다. 하지만 시간의 힘은 강하다. 하윤이도 많이 성장하고 단단해졌다. 주변의 소음에 너무 자극될 때는 직접 Noisy Canceling Headphone을 꺼내서 낄 만큼, 자기의 센서리 문제를 조금씩 조절하는 요령도 생겼.

　더 바람이 있다면, 하윤이가 앞으로 만나는 세상에는 나쁜 사람보다 좋은 사람이 더 많았으면 한다. 그리고 나는 한 발짝 뒤에 서서 늘 하윤이를 응원할 것이다. 콩닥거리는 마음은 잘 숨기고 덤덤한 듯이.

하윤이와 피아노

🎼 *Alla Turca by Morzart(with Audience Participation)*
Kids Helping Kids Concert(at the West valley College Theater)

콘서트를 준비하기 위해 아이들은 여러 차례 시간을 맞추어 함께 연습했다. 그러던 중, 피아노 선생님께서 나에게 문자메시지를 보내셨다.

Hi-I wanted to let you know that at the concert AFTER they finish playing Alla Turca and the students pick up their paper plates, they will leave to the Side of the stage and Eileen is going to quickly come out with a bouquet of pink/purple flowers (hopefully) and give to Hayoon as they announce a Big thank you to Hayoon for helping the students learn how to do all the moves to paper plates. Eileen is very excited. Please keep this a secret. Eileen Will then lead her off the stage. The students All know about this and will clap real loud for her. She is so special!!

(안녕하세요. 학생들이 알라 투르카를 연주하고 종이 접시를 든 후, 콘서트에서 학생들은 무대 옆으로 떠나고, 아일린은 재빨리 분홍색/보라색 꽃다발을 들고 나와 하윤에게 줄 것입니다. 학생들이 종이 접시로 하는 모든 동작을 배우는 것을 도와준 하윤에게 큰 감사를 표합니다.
아일린은 매우 신이 났습니다. 이 사실을 비밀로 해 주세요. 아일린이 그녀를 무대 밖으로 안내할 것입니다. 학생들은 모두 이 사실을 알고 있고, 그녀를 위해 박수를 칠 것입니다. 그녀는 정말 특별해요!!)

이미 나는 그 문자메시지에 감동받아 며칠을 가슴이 울렁거렸건만, 무대 위에서 꽃다발을 받고 스페셜 땡큐 멘트를 들으니 또 한 번 가슴이 벅차올라 눈물이 왈칵 쏟아졌다. 이 따뜻한 마음과 시선이 하윤이를 세상에 한 발 더 자신 있게 내딛게 하겠지. 영어가 짧아서 나의 깊은 감사를 제대로 전하진 못했지만, 다들 너무 고마워요.

2022.05.22.

하윤이를 키우면서 하윤이가 가진 장애도 쉽지 않았지만, 무엇보다 장애에 대한 세상의 편견과 맞서는 것이 더더욱 힘들었다. 그러다 보니 나 또한, 장애를 가진 하윤이가 비장애 아이들의 활동에 방해가 되지는 않을까, 비장애 아이들에게 얼마큼의 배려를 하윤이에게 나눠 달라고 요구해야 할까, 하윤이는 비장애 아이들과 어울리면서 무엇을 배울 수 있을까, 그리고 하윤이가 비장애 아이들과 함께 어울려서 성장할 수 있는 게 꿈이 아니고 현실일 수 있을까, 늘 걱정과 고민으로 조심스럽고 주눅 들어 있었던 게 사실이다. 낯선 이곳에서는 내가 하윤이를 자신 있게 커버할 자신이 더더욱 없었기에, 비장애 아이들의 피아노 스튜디오에 노크하는 건 대단한 용기가 필요했다.

그 후로 2년여가 지나 빅 콘서트를 준비하는 과정에서, 피아노 할머니 Ms. Judy는 하윤이가 비장애 아이들에게 끼치는 긍정적인 영향에 대해 특별한 감사를 보내 주셨다. 장애와 비장애의 그 경계를 음악으로 허물고 아름다운 소통을 할 수 있다는 것을, 모든 아이들이 배울 수 있었다고 하셨다.

작은 리사이틀이지만 그래도 하윤이는 긴장감이 높다. 잘하고 싶은 마음일 테니, 긍정적으로 보련다. 많이 연습하고, 자주 무대에 서 보게 되면, 훨씬 더 편안하고 자연스러워질 거야. 엄마는 항상 하윤이를 응원해. 오늘 무대도 너무 멋졌어.

2021.04.17.

피아노 리사이틀. 여러 달을 준비했다. 오늘 아침에도 몇 번을 연습했는지 모른다. 그래도 피아노 앞에 앉으니 심장이 엄청 빠르게 콩닥콩닥했겠지. 긴장한 눈빛과 경직된 손가락의 움직임이 가려지지가 않더라. 템포도 마구 빨라지고, 소리도 자꾸 세지고, 손가락도 엉키지만… 그럼 어때. 마지막 곡을 연주하고 비로소 편안하게 웃는 너를 보니, 나도 좋다. 너무너무 잘했어. 너의 모든 시간이 아름다운 추억으로 차곡차곡 쌓일 거야.

2021.06.26.

피아노 조율 중.
처음 이 피아노를 집에 들였을 때는 큰아이가 피아노를 배우길 바라면서였다. 여느 엄마들처럼 나는 아들이 피아노 치는 아름다운 모습을 상상하곤 했던 거지. 하지만 내 기대만큼 아들은 피아노에 그닥 애정이 없었고, 피아노 선생님이 오히려 나에게 반문을 하기에 이르렀다.
"어머님은 왜 기석이에게 피아노를 가르치고 싶으신 거예요? 음악에는 피아노만 있는 건 아녜요. 다른 악기는 어떨까요??"
선생님의 돌려 까기(?)에 아들은 피아노 레슨을 바로 중단했고, 얼마간 우리 집에서 자리만 덩그러니 차지하는 애물단지가 되었다. 팔아 버리라는 남편의 잔소리에 넘어가기 직전, 하윤이가 피아노를 시작했다. 그때는 전혀 기대가 있지도 않았다. 음악치료 선생님 추천으로 반신반의하며 시작하긴 했지만, 이렇게 오래 피아노와 함께하게 될 줄은 몰랐다.
하윤이가 피아노를 시작한지 딱 10년. 피아노는 여전히 우리 집 센터를 차지하고 있고, 앞으로도 계속 함께할 것을 이제 의심하지 않는다.

2022.04.29.

4월 15일 빅 리사이틀을 위한 첫 듀엣 리허설.

Haydn: Rondo All' ungherese Concerto D major

다른 피아노의 소리에 귀 기울이면서 나의 타이밍을 기다리고, 메인 멜로디를 위해 나의 소리를 줄이고, 나의 턴에서 아름다운 소리를 뽐내는 무대를 만들려면 연습밖에 없겠지요. 그 시간이 항상 쉽진 않지만, 무대를 마치고 나면 한 뼘 더 성장해 있을 겁니다. 아자.

2023.01.08.

Piano Senior Recital

이곳에 와서 만난 인연 중에 정말 고마운 Ms. Judy

음악을 아주아주 사랑하고, 하윤이가 음악 안에서 힐링하는 법을 제대로 가르쳐 준 할머니 피아노 선생님이다. 선생님의 칭찬과 격려 덕분에 하윤이는 초등학교 1학년에 시작한 피아노를 12학년이 된 지금까지 즐기고 있다. 그리고 오늘 시니어 리사이틀 무대까지 할 수 있었다.

바쁜 일정 속에서 12곡 단독 공연을 해내기 위해 지난여름부터 열심히 준비해 온 하윤이도 넘 기특하고, 하윤이를 축하해 주러 온 Judy's Piano Studio 친구들도 고맙고, 이번 주말을 온통 하윤이 스케줄로 움직여 준 나의 친구들에게도 감사한 마음이다.

2023.10.22.

내가 제일 좋아하는 순간은, 햇살 좋은 날에 하윤이의 피아노를 배경으로 거실 소파에 누워 책 하나 펴들고 베짱이 놀이 하기다. 언제가 될지 정해지지도 않은 이사 계획 때문에 피아노 조율을 미루고 미루었더니, 망가진 페달이 내 귀에 대고 "돈 내놔라 돈 내놔라." 마구 떠들어 댄다. 그러건 말건 하윤이는 세계 최고의 피아노 스타인웨이(Steinway & Sons)에 앉은 듯 살랑살랑 온몸으로 리듬을 탄다. 덩달아 나도 콧노래가 흥얼흥얼 흘러나온다. 인생 뭐 있나. 이렇게 아름다운 음악 안에서 사랑 주고 사랑받으며 사는 거지. 나의 행복은 내가 정의한다.

첼로로 말하는 아이

Saratoga District
Spring Concert.

종일 바빠서 동동거리던 발걸음을 멈추고, 헐떡이던 숨도 차분히 가라앉혀 본다.
낯선 공간과 낯선 사람들 사이에서, 커다란 눈을 더 커다랗게 뜨고 두리번거리던 하윤이도 금방 연주에 집중한다. 음악은 짧은 시간 안에 모두를 하나로 아우른다.

2018.05.15.

3월에 있을 첼로 스튜디오 리사이틀 준비 중이다. 오늘은 그룹 리허설.
하윤이 표정은 엄청 진지하지만, 아직은 갈 길이 멀다. 그래도 10분 가까이 되는 긴 곡을 끝까지 집중해서 잘 마친 하윤이에게 박수를 보낸다. 3월 리사이틀에서 얼마나 멋진 모습을 보여 줄지 벌써부터 기특한 마음이다.

2020.02.01.

첼리스트로 몹시 바쁜 날이다. 학교 오케스트라 챔버 콰르텟을 녹음하느라 두 시간 넘게 앉아 있었는데, 이번에는 AMASE 첼로 앙상블 연습하느라 한 시간을 또 앉아 있는 중이다. 첼로에 집중하는 하윤이는 평소의 하윤이와 몹시 다르다. 눈에서 강렬한 레이저를 팍팍 쏜다. 음악은 하윤이에게 사랑이다.

2021.04.12.

하윤이는 7년 전 여름 처음 첼로를 시작했다. 피아노는 아무래도 혼자 하는 악기라서, 함께 어울릴 수 있는 악기를 배우게 해 주고 싶었다. 감사하게도 사랑 가득한 안은실 선생님을 만나 하윤이는 첼로에 대한 좋은 추억들을 쌓을 수 있었다. 강명초등학교 스트링 앙상블도 좋았고, 안은실 선생님과 함께 한 오케스트라 경험도 잊을 수 없는 순간이다. 그리고 영어 한마디 제대로 못하는 낯선 이곳에서, 레드우드 미들스쿨과 사라토가 하이스쿨 오케스트라를 하면서 이방인이 아닌 내 학교라는 소속감을 느끼게 해 준 게 바로 첼로다. 또한 홍세라 쌤과 다른 오티즘 친구들과 함께 연주하는 어메이즈 첼로 앙상블에서 하윤이는 편안함과 위로를 많이 얻고 있다. 벌써 3년째 매주 목요일 어거스트 선생님과 함께 하윤이는 조금씩 조금씩 성장 중이다. 그리고 오늘 하윤이는 새로운 10년을 함께할 첼로를 만났다. 앞으로도 하윤이가 음악으로 소통하고 편안히 쉬어 가기를 소망한다.

2021.07.16.

SHS Orchestra Retreat 1st day.

FO, PO, SO, SS가 한자리에 모이니, 튠 하는 소리부터 웅장하다. 다들 초견도 왜 이렇게 잘하는 거니. 뒷자리에 앉아서 이들의 연주를 듣는 것만으로도 행복하구나. 하윤이가 이곳에 함께할 수 있어서 더더욱 감사하다. 아름다운 금요 저녁입니다.

2021.09.10.

SHS Orchestra Retreat 2nd day.

오전 오케스트라 연습을 마치고, 사라토가 스프링에서 바비큐 런치를 즐겼다. 수영장에서 노는 친구들, 배구하는 친구들 많았지만, 하윤이는 핸폰과 놀았다는군. 그래도 맛있는 바베큐를 실컷 먹어서 좋았다는 심플한 아이. 소파에 앉아 눈꺼풀이 무거워진 모습이 귀엽구먼. 어제 오늘 넘나 애썼다. 낮잠 한숨 자거라.

2021.09.11.

SHS Orchestra March Concert

수업 시간도 열심히, 방과후 연습도 열심히 한 보람을 느끼기에 충분한 무대였다. 공연장 전체를 가득 채운 감동의 함성이 그것을 증명한다. 오늘 너희들 쫌 많이 멋지더라. 들어도 들어도 그 감동은 익숙해지지 않고 매번 마음이 벅차오르는구나.

2022.03.11.

Cello Studio Spring Recital

무대에서 내려온 하윤이 두 손이 바들바들 엄청 떨렸다. 잘하고 싶었다는 거지. 무엇에 욕심을 낸다는 건 참으로 귀한 감정이다. 너의 내일은 오늘보다 더 멋져질 거니까.

2023.04.01.

Pancake Breakfast 2023
학교에서 하는 행사이지만, 나름 마을 축제의 느낌이 난다. 이런 뮤직 행사가 있을 때마다 하윤이가 느끼는 소속감이 크다.
하윤이가 음악을 하고 있음에 감사하고, 오래도록 음악과 함께 동행하기를 기도한다.

2023.04.30.

Cello Ensemble in AMASE Gala Concert
봄 학기를 마무리하면서 갈라콘서트 무대에 올랐다. 장애가 있건 없건, 또 그 장애의 정도가 가볍거나 심하거나 무엇도 상관없이 음악은 언제나 우리를 하나로 모이게 한다. 감동과 감사가 가득한 시간. 아직까지 마음이 따뜻하다.

2023.05.06.

2023 Year_End Concert
작은 새소리에도 날카롭다고 귀를 막는 하윤이에게, 무대를 시작하기 전의 소란스러움은 아무렇지도 않다. 오히려 집중하게 한다. 음악이 가진 치유의 힘이다.

2023.05.26.

Fall Showcase & Senior Night 2023

학교 오케스트라 공연과 Senior Night은 나를 휘몰아치는 감정의 소용돌이로 몰아넣는다.

공연 마지막 피날레곡은 <Song for UhmMa>. 이곳 미국 캘리포니아에서 <고향의 봄>과 <애국가>의 선율을 듣게 될 줄이야. 나도 모르게 눈물이 그렁그렁해진다.

그리고 시니어 나잇. 4년의 하이스쿨 시간 동안, 하윤이에게 가장 큰 프라이드로 남는 것이 SHS Orchestra 첼리스트라는 타이틀이다. 사라토가 하이스쿨 학생임을 매 순간 자랑스럽게 느꼈을 그 시간이, 하윤이가 어른이 되고 나서도 항상 큰 힘이 되기를 바라 본다.

2023.10.21.

2023 Winter Concert at McAfee

무대 위 음악과 함께하는 너는 언제나 아름답고, 그 선율에 위로받는 나는 오늘도 감사하다.

2023.12.15.

첼로 스튜디오 리사이틀 at Bethel Korean United Methodist Church
* Robert Schumann_First and Second Movements from the Five Pieces in Folk Style, Op. 102

1년 만에 하는 무대이다. 늘 비슷한 것 같아도, 어느 순간 성장해 있음을 느낀다. 세상의 속도 말고 너만의 속도로 음악 안에서 천천히 그러나 멈추지 말고 잘 걸어가 보자꾸나.

2023.12.17.

하윤이가 다녔던 미들스쿨과 하이스쿨에는 학교 오케스트라가 있다. 처음엔 조심스러웠다. 한국에서는 비장애 학생들로만 구성된 오케스트라에 실력이 월등하지도 않은 장애 학생이 조인하는 데는 많은 제약이 있는 게 사실이니까. 그런데 미들스쿨 오케스트라 선생님이 그랬다.

"WHY NOT?"

악기를 잘하는 것보다 더 중요한 것은 음악을 사랑하는 마음이다. 부족한 부분은 서로 채워 가면서 음악으로 소통하는 것이 오케스트라의 가장 큰 목적이라고. 내가 먼저 선을 긋고 그 선을 넘지 못해 주저하고 있었던 것이었다.

오케스트라는 하윤이가 미국 학교생활에 적응하는 데 아주 큰 역할을 했다. 하윤이는 오케스트라 무대에 설 때마다 '내가 이 학교의 학생이구나.' 소속감을 느꼈고, 무대에서 박수를 받으면서 자신의 가치를 스스로 인정하는 자존감을 높이는 기회를 얻었다. 그리고 하윤이가 영어를 못하더라도, 사교성이 없더라도, 악기 연주를 함께 하면서 다른 친구들에게 인정받는다.

미국 와서 첫 번째 오케스트라 콘서트가 있는 날, 하윤이의 악기 레슨에 회의적이었던 남편에게 처음으로 칭찬을 받았다. "하윤이에게 악기를 가르치기 참 잘했다."라고. 장애를 가진 아이가 비장애 세상에 들어가기에 악기만큼 훌륭한 무기는 없다.

벌써 미들스쿨 오케스트라 3년, 하이스쿨 오케스트라 4년째 하고 있다. 나는 전형적인 한국 엄마라서, 처음에는 아이가 틀릴까, 튀는 행동을 하지는 않을까, 공연에 방해는 안 될까 마음 조마조마하며 객석 구석에 앉아 있었지만, 이제는 '틀리면 어때.' '그럴 수도 있지 뭐.' 하면서 한층 여유로워졌다. 이곳 사람들에 대한 신뢰가 생겼기 때문일 거다.

하윤이는 그동안 공연 중에 눈에 띄는 실수는 없었지만, 콰이어 공연에서 있었던 하윤이처럼 장애를 가진 친구에 관한 에피소드가 떠오른다. 콰이어 공연이 시작됐고, 처음에는 괜찮았다. 그런데 점차 그 친구가 흥이 올랐다. 다른 친구들보다 박자를 좀 더 빠르게 타더니 고개의 방향이 달라졌다. 거기다가 박수까지 엇박자로 치기 시작했다. 우리가 생각하는 일반적인 공연에서라면 지휘하는 선생님이 그 친구에게 사인을 줬을 테고, 안 되면 옆 친구가 그 친구의 손을 잡고 틀린 것을 고쳐 줬을지도 모를 일이다. 한국에서라면 평소 연습 때는 같이 하더라도 본 공연 무대에서는 아예 제외시켰을지도.

그런데 아무도 무엇도 하지 않는다. 다들 아무렇지도 않게 노래를 한다. 그 친구도 계속 자기만의 방식으로 노래를 불렀다. 그 곡이 끝나고 객석에서 아주 큰 함성과 박수, 휘파람까지 엄청났다. 좀 틀리면 어떤가. 즐거우려고 음악을 하는 건데. 음악에는 자유로움이 있다. 누군가에게 잘 보이려고 멋져 보이려고 하는 음악이 아니라 무대에 오른 사람들이 그 음악을 행복하게 느낄 때, 듣는 사람에게도 그 기쁨이 그대로 전달된다. 하윤이는 그런 분위기에서 아주 행복하게 음악을 하고 있다. 정말 감사하게 생각한다.

오티즘을 가진 하윤이는 언어능력이 많이 부족하고, 친구들과 어울려 노는 것이 정말 어렵다. 그리고 본인도 자기의 약점을 알기에 아이들이 여럿 모인 곳에서는 늘 겉돌기만 한다. 하지만 첼로와 함께하면 상황은 완전 달라진다.

   자기 소리를 자신 있게 낼 줄 알고, 다른 악기에 귀 기울였다가 들어갈 타이밍은 아주 정확하게 찾아 들어간다. 오케스트라 공연 동안 음악에 푹 빠졌다가, 마지막엔 자리에서 일어나 객석의 박수를 온몸으로 즐긴다. 오케스트라 첼리스트로는 누구와 어깨를 겨루어도 자신감이 지지 않는다.

 이것이 음악이 주는 힘이 아닌가 싶다. 물론 잘하면 더 좋겠지만, 잘하는 게 악기를 하는 목표는 아니다. 하윤이는 첼로를 연주한다는 자체를 즐길 줄 안다. 선생님과 듀엣 공연을 할 때도, 학교 오케스트라 일원이 되어 함께 연주를 할 때도 너무도 행복해한다. 잘하는 것보다 더 중요한 것은 즐기는 것이라고 했다. 이렇게 즐거운 첼로 연주를 계속해서 할 수 있다면 10년 후, 20년 후에는 잘하게 될지도 모르지 않는가. 그렇지 않더라도 평생 내 옆에 음악을 친구로 둘 수 있다면 그보다 더 멋진 인생이 어딨겠는가.

Happy Lunar New Year!

그래도 설날인데 뭐라도 해야지 싶어서 하윤이 하교하는 길로 H Mart에서 급하게 장을 봤다. 한국에 있을 때는 어머님이 며칠 전부터 갖가지 나물 반찬을 하고, 갈비를 재우고, 떡국 육수까지 만들어 놓으시면, 나는 설 전날 오후에 몇 가지 전만 부치면 설 준비가 끝났다. 참 쉬운 며느리였다. 여기서 흉내를 좀 내 보려고 하니, 정신이 하나도 없다. 일단 국거리용 양지를 찬물에 담가 핏물을 뺀다.

나물은 간단하게 숙주나물과 시금치나물만 하는데도 다듬고, 데치고, 양념하니 설거짓거리가 산더미다.

그다음엔 당면을 따뜻한 물에 담가 놓고, 잡채 재료들을 준비한다. 소고기에 밑간하고, 버섯, 당근, 양파를 볶고, 소고기도 볶는다. 당면은 끓는 물에 삶아 내고, 참기름, 간장, 설탕을 넣어 간을 하고, 다른 재료들과 한 번 더 볶아 준다. 내 입엔 맛나더만, 식구들한테는 그닥 호응이 좋질 않다ㅋ

이번에는 하윤이의 도움이 빛을 발한 전 부치기다. 소금, 후추로 밑간을 해 놓은 동태, 호박, 가지에 부침가루를 묻히고, 계란물을 입혀서 프라이팬에 지진다. 온 집 안에 기름 냄새가 퍼지고, 입에는 침이 가득 고인다. 내가 식탁을 차리는 사이에, 적지 않은 양의 전은 모두 사라졌다. 난 동태전 한 개도 맛을 못 봤다. 그래도 그대들이 맛있다면 난 배부른 걸로ㅎㅎ

마지막으로 양지로 국물을 낸 떡국은 역시 설날 식탁의 메인이다. 내가 끓였지만 떡국만큼은 자랑할 만한 맛이다ㅋ

긴 시간 부엌에서 힘들게 음식을 만들었는데, 먹는 건 아주 잠깐이다. 그리고 돌아서면 부엌은 전쟁이 지나간 자리처럼 쑥대밭이고, 또 긴 설거지가 나를 기다리고 있다. 이렇게 음식 만들기는 참 녹록지 않은 일이다.

그래도 떡국을 먹으며, 한국에 있는 가족들과 페이스톡으로 얘기할 수 있어서 설날 기분은 좀 난다.

항상 우리를 위해 기도하는 가족들이 있어서 감사하다.

2018.02.15.

따뜻한 집밥에 초대를 받았다.

항상 어머님이 해 주는 반찬에 익숙하고, 우렁이 각시처럼 들여다봐 주는 친정 언니의 손길을 당연하게 여기다가 홀로 모든 것을 감당해야 하는 생활이 나에게는 너무도 버거웠나 보다. 이렇게 아름다운 식탁 앞에서 나는 울컥하여, 밥 먹는 속도를 늦추고 천천히 오래오래 씹는다. 낯선 곳에서 나에게 곁을 내어주고 언제나 쉬러 오라는 손길에 감격하지 않을 수가 없다.

나는 이곳에서 마음을 나누는 친구를 한 명씩 한 명씩 만들어 간다. 그렇게 나에게도 추운 겨울이 끝나고, 봄 향기가 살포시 스며들어 온다.

2018.03.08.

음력 설날을 맞아 떡국과 음식을 준비했다. 나는 막내딸과 막내며느리로 지내면서 부르는 자리에 가는 것만 당연했고, 한 번도 준비부터 상차림까지 내 손으로 해서 가족들을 대접한 적이 없는 듯하다. 기억나지 않으니 '없다'가 정확하겠지. 팔순이 넘어서도 막내딸 아침잠 더 자라고 살금살금 밥하셨던 우리 엄마와 오늘의 식탁을 함께할 날이 올까. 쉽진 않겠지만 꼭 한 번은 바라 본다. 엄마 올해도 건강하세요. 막내딸 집에서 차려 주는 밥상 한번 받으셔야죠.

2020.01.26.

나이 오십이 다 되어 머나먼 남의 나라에서 산다는 건 쉬운 일이 아니다. 어리지 않은 나이라 친구 사귀기도 쉽지 않고, 특히나 친정 식구들과 시댁 식구들에 둘러싸여 살던 나는 더욱 가족이 그립다. 그래서 더욱 '패밀리'라는 단어가 나에게는 애틋한가 보다. 그나마 넷이던 가족이 셋으로 줄면서 외로움이 늘 옆에 따라다닌다.

그래서 나는 이곳에서도 사람들 만나기를 좋아한다. 함께 밥 먹고 함께 시간을 보내면서 사라토가 패밀리를 엮어 가려고 한다. 하지만 마음처럼 사람 관계가 쉽지는 않다. 나는 아주 가까운 친구라고 생각했지만 그 사람은 오히려 나를 멀리하기도 하고, 나에게 가까이 오는 사람이 부담스럽기도 하고, 그 마음이 서로에게 닿는 것은 참으로 쉽지 않다.

그런 가운데 나의 모든 허물을 드러내도 그닥 부끄럽지 않고, 무슨 말을 건네도 그 진심을 알기에 마음에 담아 두지 않는 찐친 패밀리가 생겼다. 하윤이가 주말 지낸 이야기를 할 때마다 항상 등장하는 동생들 원, 찬, 민은 학교 선생님과 친구들에게도 이제 완전 익숙하다. 그런데... 오늘 그들이 떠났다. 멀리 아이다호로. 자기 마음을 잘 드러내는 법이 없는 하윤이가 오늘은 몇 번이고 중얼거린다.

"원, 찬, 민을 못 보니까 너무 슬퍼요."
곧 또 만날 것을 알지만, 나도 오늘은 많이 슬프다. 헤어지는 슬픔은 절대 익숙해지지 않는 감정이다. 우리 아가들, 아이다호에서도 아프지 말고 건강하거라.

2021.05.21.

남편은 한국 가고, 하윤이와 둘이서 조용히 보냈을 한국의 구정. 하지만 설날에는 떡국도 먹어야 하고, 호박전, 가지전, 동태전을 부쳐야 하고, 잡채도 하고, 고기반찬도 해야 한다는 하윤이 덕분에 일을 키웠다. 사람 많고 어수선한 마트에 가는 게 가장 힘든 하윤이가 용기를 내어 엄마와 함께 장을 봤고, 친구들을 초대했고, 아침 일찍부터 부엌에서 모녀가 즐겁게 요리를 한다. 부엌 어디 하나 빈틈없이 어질러지고, 기름 냄새가 온 집 안에 배어도, 부엌에 선 채 뜨거운 호박전 호호 불며 먹는 맛은 언제나 최고다. 그리고 특별한 반찬 없어도 친구들과 함께 앉은 식탁은 이야기와 웃음소리로 풍성해진다.

2023.01.22.

대학 시절 해외 배낭여행이 유행이었다. 그리고 어학연수나 교환학생을 가는 친구들도 있었다. 하지만 나는 굳건히 서울을 지켰다. 그 후로도 가족여행 몇 번을 제외하면 외국과 인연이 없는 삶을 살았었다. 책이나 영상을 통해서만 외국 생활을 유추해 볼 뿐이었다. 그랬던 내가 미국에 가서 살아야 하는 순간이 왔을 때, 아주 촌스럽게도 나는 두려웠다. 아는 사람 한 명 없는 곳에서 잘 지낼 자신이 없었다.

처음 이곳에 와서도 오랫동안 힘들었다. 가장 믿었던 우리 집 영어 넘버원 아들은 1년 동안 힘겨운 시간을 보내고 한국으로 돌아갔고, 남편은 남편대로 회사 일이 바빴다. 장애를 가진 하윤이의 어려움까지 커버해야 했기에, 나는 많이 위축되고 소심해졌다. 한두 명 안면을 트게 된 사람들은 대부분 미국에서 유학 생활을 했거나, 다른 나라에서 살았던 경험들이 있었고, 가족들이 멀지 않은 곳에 정착해서 잘 살고 있었다. 상대적으로 나의 외로움은 커져만 갔다.

좀 더 시간이 흐르니, 나와 비슷한 사람들을 만나게 됐다. 어린 시절 자매들과 미국 유학을 와서 힘들었지만 자리 잡고 아이들까지도 잘 키우신 서옥 언니는 7년이 지난 지금까지도 나에게 가장 소중한 친정 언니 같은 분이다. 본인이 넘 힘든 시간을 보냈기 때문에, 이곳에 처음 와서 힘든 사람들을 보면 발 벗고 나서서 도와주고 싶다고 하신다. 그리고 어덜트 스쿨에서 만난 친구들은 같은 시기에 같은 마음으로 늘 불안했기 때문에, 지금도 그때 이야기를 나누면서 깔깔거릴 수 있다. 초등학교 동창을 만나면 언제든 그 시절로 돌아가는 것처럼, 우리는 어리바리하던 그 처음을 언제까지나 공유하게 될 것이다.

처음 시내 언니의 집에 식사 초대를 받았을 때도 잊을 수가 없다. 밥을 나누면 식구가 된다고 했던가. 그 따뜻함은 절대 잊을 수 없고, 그 후로 나도 늘 친구들을 초대해서 함께 밥 먹는 것을 아주 좋아한다. 그 '밥정'은 내가 여기에서 가장 중요하게 생각하는 부분이 되었다.

그리고 요즘 나의 인간관계의 가장 중심은 '사라토가 책 모임'이다. 한국에서 책 모임을 오래해 오기도 했고, 책 모임을 통해서 나누는 그 끈끈함을 잊을 수 없었기에 여기 와서도 책 모임을 만드는 것이 나의 목표이기도 했다.

처음 세 명에서 시작한 책 모임은 중간에 충원하기도 하고, 한국 복귀 때문에 빠진 멤버들도 있고 해서 지금은 모두 여섯 명이다. 책 이야기도 중요하지만, 기쁘고 슬프고 화나고 속상한 모든 사는 이야기를 나누면서 함께 기뻐하고, 슬퍼하고, 걱정하고, 화내고, 기대하기도 한다.

또 하윤이를 통한 귀한 만남들도 있었다. 같은 장애 아이를 키우면서 그 힘듦을 조금은 나눌 수 있는 학교 스페셜 클래스 엄마들과, 장애 자녀를 키우는 가족을 지원하는 굿씨드, 그리고 장애 아이들의 음악과 미술 활동을 버디 시스템으로 서포트하는 AMASE는 하윤이와 내가 이곳에 뿌리를 단단하게 내릴 수 있게 도와준 버팀목이 되었다.

이곳 생활이 자리를 잡으면서, 사라토가 패밀리가 하나둘 늘어 갔다. 특히나 Thanksgiving이나 Christmas 같은 이곳 Holiday나 한국의 명절이면, 우리는 함께 모여 시끌시끌하게 어울리면서 한국에 있는 가족을 그리워할 틈을 주지 않는다. '피는 물보다 진하다'고는 하지만, 태평양 저 바다를 건너는 동안 많이 희석되어 나에게까지 뜨겁게 전해지지 못하는 게 사실이다. 한 공간을 살면서 같은 고민을 나눌 수 있는 이곳의 친구들을 감히 '사라토가 패밀리'라고 지칭하는 이유이기도 하다. 가족의 범위는 이렇게 확장되고, 이제는 이곳이 나의 집이고 나의 마을이 되어, 따뜻한 사람들 안에서 위로받고 위로해 줄 수 있어서 감사하다.

그렇다고 항상 좋은 만남만 있지는 않았다. 여기에 처음 오면 너무나 외로운 나머지, 누구에게나 쉽게 마음을 열고 쉽게 친구가 된다. 하지만 이곳은 여러 유형의 한국인이 모인 곳이다. 여기에서 태어난 한국인, 어린 시절 부모님을 따라 이민 온 한국인, 유학 왔다가 자리 잡은 한국인, 결혼을 하고 오게 된 한국인, 직장 때문에 왔다가 눌러앉은 한국인 등 다양한 백그라운드를 가지고 있다.

그 가운데서, 나는 믿었던 친구에게 상처받기도 하고, 나 또한 누군가에게 상처를 주었는지도 모를 일이다. 가깝다고 생각했던 친구들과 관계가 소원해지는 경험을 몇 번 하게 되면, 차츰 새로운 사람 만나는 것에 주저하게 된다.

나이가 50이 되어도 친구 사귀기는 쉽지 않다. 처음엔 새로 만나는 모두와 쉽게 친구가 되다가, 나와 결이 맞지 않는 친구와 멀어지기도 하고, 나의 베프지만 이사로 거리가 멀어지면서 늘 그리워하기도 하고, 그 가운데 오래오래 관계가 깊어지는 친구도 있다. 이제는 새 친구를 만드는 게 조심스럽기도 하지만, 모든 일은 내가 하려고 한다고 다 되지도 않고, 내가 마음 쓰지 않았는데도 어느 순간 이루어져 있기도 한다는 걸 안다. 욕심내지도 않고, 벽을 세우지도 말고, 편안하게 나의 인연들을 기다리려고 한다. 갈 사람은 가지만, 올 사람은 또 온다.

한국에서 날아온 우리 집 첫 손님

한국 탬파 조 사장과 강 사장이 플로리다 탬파 일정(탬파 페스티벌에서 샌드위치로 1등 하신 대단하신 분들)을 끝내고 샌프란시스코로 건너왔다. 젊은 청춘들이, 가고 싶은 곳은 많지만, 이모에 대한 의리를 저버리지 못하고 왔을 텐데, 난 그런 거 모르겠고... 그저 반갑고 좋다ㅋ
없는 솜씨로 만든 깍두기도 맛있게 먹어 주고, 한국말 수다도 실컷 나누고, 너무나 즐거운 밤이다.

2018.04.06.

우리는 일욜 9시에 출발 계획이었으나, 현실은 10시가 되서야 겨우 집을 나설 수 있었다. 그러나 그 후로 15분, 남편은 차를 집으로 돌렸다. 신분증을 집에 두고 왔다는군. 결국에 10시 30분이 넘어서 진짜로 우리의 여행은 시작됐다. (이번 여행에 동행한 조카는 렌트한 멋진 차로 따로 움직였다. 그것이 큰 사건을 초래하게 될 줄이야^^;;)
우리의 첫 번째 만남의 장소는 *Point Lobos*!!! 앞서거니 뒤서거니 하면 함께 잘 가다가 Monterey를 지날 무렵, 뒤에서 조카의 차가 사라졌다. 혹시나 했으나, 갑자기 길이 막히기 시작해서 우리는 신경이 온통 길에 쏠려 있었다.

미국 와서 이렇게 길이 심하게 막히는 경험을 하게 될 줄이야. 얼마 후 조카가 전화를 했다. 그 차는 목적지에 도착했다고. 우리 내비는 아직 30분쯤 더 가야 한다는데, 역시 젊은 애들이라서 우회도로를 잘 찾았나 보다 했다. 우리도 얼마 후 막히는 길을 지나 목적지에 도착했다. 핸폰이 잘 터지지 않아 통화가 답답하기만 하다.

우리는 메인 주차장에서 왼쪽으로 들어왔는데, 조카네는 오른쪽으로 간 듯하다. 메인 주차장에서 보자고 하고는 우리는 그 방향으로 바닷가 산책을 시작했다. 너무 아름다운 풍경이지만, 하윤이가 조카 차를 타는 바람에, 사진 찍어 줄 사람이 없다. (보통은 하윤이가 우리의 사진사) 아쉬운 대로 아들이 우리 부부 사진을 찍어 준다. 안 친한데 친한 척하면서ㅋ

조카 일행을 못 만나서 계속 오른쪽 방향으로 올라가 보지만, 뒤통수 비슷한 사람도 없다. 뭔가 잘못됐다는 생각을 그제야 한다. 자꾸 끊기는 답답한 통화를 몇 번 하고서야 우리가 서로 다른 장소에 있다는 걸 확인했다. 조카네는 Point Lobos가 아닌 *Lovers Point*에 있었던 거다. (이 둘은 이름이 비슷해도 완전 다른 곳이다ㅠ)

우리의 기다림은 계속 되고, 조카네는 그 막히는 길을 지나 겨우 우리에게 왔다. 이 낯선 미국 땅에서는 꼭 차 한 대로만 움직여야 한다는 교훈을 뼈저리게 느낀다. (Point Lobos쯤은 여행에서 충분히 일어날 만한 해프닝으로 넘길 수 있다. 그러나...) Point Lobos 아래쪽으로는 점심 먹기에 마땅한 곳이 없어서, 우리는 다시 막히는 길을 거슬러 Carmel-by-the-sea에서 늦은 점심을 했다.

에너지 충전을 했으니, 이제는 Pismo beach로 출발~! 벌써 3시가 넘었다. 오후 3시에 숙소 체크인을 하고, 바로 ATV를 타기로 한 처음 계획을 수정해서, 저녁을 Pismo beach 가서 먹고, 해변 산책하며 일몰을 보기로 했다.

1번 도로는 해안 절벽을 따라 구불구불 돌아가는데, 그 뷰가 백만 불짜리다. 너무 예쁘다고 감탄하느라 입을 다물고 있을 틈이 없다. 한가로이 풀 뜯는 소들은 바다 배경으로 한 폭의 그림이 되고, 햇빛은 바닷물에 반사되어 화려한 주얼리의 눈부심으로 빛난다. 그리고 그 맞은편 산들은 웅장하게 우뚝 서 있다. 정말 아름다운 대자연이었다. Big Sur, Rocky creek bridge, Bixby creek bridge, Willow creek을 지날 때까지, 딱 거기까지였다.

Willow Creek Vista Point에서 잠시 쉬어 가며, 이제 1시간 반만 더 가면 오늘의 목적지 도착이라며 얘기를 나눴다. 그러나 얼마 지나지 않아, '9마일 앞 도로가 없다'는 전광판 메시지를 보고도 설마설마했다. 웬걸. 도로 폐쇄가 사실로 드러나는 순간, 우리는 좌절. 너무나 어이없는 상황에 기가 막혔으나, 우리 뒤로도 많은 차들이 절망하는 걸 보니 그저 헛웃음만 나온다. 어쩔 수 없이 우리는 다시 온 길을 돌아간다.

돌아가는 길에서 만난 일몰은 아름답기보다 좀 서글픈 느낌을 들게 했다. 또다시 막히는 그 길을 지나, 우리는 저녁 8시가 넘어서야 오늘 점심을 먹었던 그 쇼핑몰이다. 5시간 만에 다시 제자리로 돌아온 것이다. 이제는 헛웃음도 안 나온다. 그나마 문 닫지 않은 식당에서 먹은 식사도 맛있고, 직원분들이 친절해서 조금 위로가 됐달까. 집으로 돌아갈 것이냐, 그럼에도 Pismo beach를 갈 것이냐 심각하게 고민을 하다가 결국엔 무조건 GO!!! 피곤함과 싸우며 쉬지 않고 달린 남편님 덕분에, 밤 11시 59분, 우리는 숙소인 Pismo beach light house 주차장에 도착했다.

2018.04.08.

Pismo Beach

오늘 아침 눈뜨니, 광활한 비치 앞에 내가 서 있다. 어제의 일은 꿈같고, 오늘 나는 피스모 비치에서 해피해 피해피하다.

Oceano Dunes

피스모 비치에 왔으면 꼭 해야 한다는 ATV에 우리는 몸을 실었다. (정작 계획한 남편은 하윤이와 함께 Jeep를 타야 해서 살짝 실망하는 기색이다ㅋ) 해변을 우아하게 달리는 상상을 했으나, 현실은 너무도 달랐다. 모래언덕을 오르고 내리기를 반복하는데, 언덕을 못 올라 모래 속에 ATV가 파묻히고, 내리막에서는 ATV와 함께 저승길 가는

구나 싶은 생각까지 들고, 꺼진 시동은 다시 살아날 줄을 모르고, 쿵쿵거리는 바운스 덕분에 엉덩이는 감각이 없어지고, 배기통에서 나오는 뜨거운 열 때문에 발목은 어디 둘 곳을 찾지 못한, 정말 대략 난감한 두 시간이었다. 그래도 마지막 해변가를 달릴 때는 내가 배우가 된 착각도 잠깐 해 봤다ㅎ 시원한 바닷바람을 맞으며, 내 옆으로 도요새들이 함께 달리는 기분은 제대로 짜릿하다. 다른 어디에서 타 본 ATV와도 비교 불가다. 익스트림 스포츠를 좋아하는 사람이라면, 여기 와서 꼭 한 번은 경험해 보라고 할 만하다. 내가 참 별걸 다 해 본다. 오래 살고 볼 일ㅋ

2018.04.09.

조카가 오기 전부터 설렜는데, 내일이면 간다니까 벌써 아쉽다. 집 떠나 보면 집의 소중함을 아는 것처럼, 멀리 나와 있으니 가족들이 더 그립다. 우리 모두 각자 서 있는 그 자리에 잘 살자.

2018.04.10.

　우리가 미국에 온 지 채 3개월도 되지 않았을 때 한국에서 조카가 우리 집을 방문했다. 가족이 뭐라고 어쩜 그렇게 좋던지. 기다리는 시간도 좋았고, 함께했던 몇 번의 저녁 식사 동안의 수다도 좋았다. 캘리포니아 초보자 시절의 여행 해프닝을 오래도록 함께 기억하고 있다는 것도 좋다.
　언니가 첫 조카를 낳았을 때, 조카를 위해 종이에 그리고 오려서 아기 모빌을 만들어 주던 초등학생 이모였던 나는 이제 나이 50이 되었고, 그 조카는 곧 40이다. 나이가 들어 가면서 우리는 점점 친구가 되어 간다. 아주 오랜만에 보아도 늘 반갑고 좋기만 한, 어린 시절을 공유하는 친구.
　자주 보지 못해도 항상 너를 응원해. 우리 행복하자. 그리고 이제 이모는 캘리포니아 여행 베테랑이 되었단다. 네가 다시 오면 그때의 실수를 만회해 보자.

LA 가족여행

DisneyLand
나는 놀이동산을 안 좋아한다.
남편도 놀이동산을 아주아주 안 좋아한다.
그러면 오늘의 엔딩은 누구든 알 수 있을 거다.

어제의 장시간 운전으로 오늘 아침 눈뜨기가 쉽지 않았다. 8시 오픈 시간에 입장은 물 건너가고, 10시가 다 돼서야 주차를 했다. 주차장 들어가는 것도 쉽지 않고, LA 날씨도 후끈하여 벌써 피곤하다.
주차장에서 트램을 타고 디즈니랜드 정문으로 이동했다. 트램을 탈 때까지만 해도 하윤이는 즐거웠는데, 디즈니랜드에 들어서는 순간 표정이 굳어진다. 아마도 놀라운 인파에 압도된 듯하다.
역시 시작은 회전목마. 아기들부터 어른들까지 나이를 불문하고 즐겁다ㅎㅎ 디즈니 만화 속 하늘 나는 아기 코끼리 덤보를 한 시간 줄 서서 탔더니, 잠시 잊었던 피곤이 되살아난다. 그 비싼 입장료에 $10씩이나 추가한 Maxpass로 Small world(에버랜드와 비슷)를 배 타고 둘러보고, Haunted Mansion(재미난 유령의 집?) 체험하고(아쉽게 한 곳은 고장으로 1시간 후에 오라는 걸 잊었다ㅠ), 라푼젤이 나오는 공연 보고(내 짧은 영어는 졸음을 불렀다. 연신 하품만ㅋ), Pixar 퍼레이드를 보고 나니 피곤이 극에 달한다.

언제 또 오겠냐며 디즈니 캘리포니아 어드벤처까지 예약했으나, 정말 하지 말았어야 할 예약이었다. 일단 장소를 옮기긴 했으나, 누구도 어디로도 가지 못하고 ('가고 싶지 않고'가 정확할 거다.) 한참을 벤치에 앉아 있었다.

뭐라도 해야겠기에 공연장을 찾았다. 하윤이가 수십 번은 봤을 <Frozen>이다. 우와~~~~~ 안 봤으면 어쩔 뻔. 바로 눈앞에서 엘사가 노래를 하고, 얼음 마법을 마구 보여 준다. 그리고 정말 하늘에서 눈이 내린다. 입장료가 하나도 아깝지 않은 멋진 공연이었다. 얼마나 다행인가.

그날 밤, 나는 찍은 사진도 제대로 둘러보지 못하고 기절 취침을 했다.

2018.07.26.

Universal Studio, Hollywood

피로는 겹겹이 쌓이고 오늘 또 추가될 예정이다. 기다림이 싫어서 모든 것을 포기한 어제처럼이라면 오늘 아무것도 탈 것이 없다. 하지만 어제처럼 후회를 남기고 싶지 않아 기다린다.

계속 기다린다.

쿵푸팬더 60분
스튜디오 투어 80분
심슨 라이드 80분
쥬라기 공원 100분

긴 기다림은 짧은 순간의 짜릿함으로 또 잊혀지고, 기다림을 또 선택하게 한다.

Fun Land에서 하나만 더 타고 가자 했다가 fast pass를 무료로 획득하는 행운이 생겼고, 60분을 기다리지도 않고 미니언즈 체험까지 했다. 나오는 길에 우연히 보게 된 Special Effects Show는 안 봤으면 정말 후회할 best show였다. 역시 기다리는 자에게 복이 있나니.

2018.07.27.

Getty Museum
그 넓은 게티 뮤지엄을 다 돌아보지 않고 <고흐의 방> 안에만 종일 있어도 지루하지 않겠다 싶었다. 얼마나 대단한 석유 재벌이기에, 자기가 좋아하는 그림과 작품들을 이렇게 원 없이 사 모을 수 있었을까....
너무 부럽더라.
하지만 뒤통수가 너무너무너무너무 따가워서, 잠깐의 호사도 누리지 못하고 발길을 돌렸다. 오늘의 교훈. 여행은 무조건 취향이 맞는 사람끼리 다녀야 한다. 아쉬운 대로, 하윤이가 고흐의 <아이리스>를 그려 준다고 했으니 기다려 보련다ㅎ

2018.07.28.

정말 오랜만에 멀리 여행을 다녀왔다.
장시간 운전은 번갈아 했음에도 쉽지 않았다. 돌아오는 날, 밤 운전은 특히나 더 힘들었다. (하루 더 자고 아침에 출발해서 오면 딱 좋겠더만 우리 집 물주의 반대로 밤에 돌아왔다.)
그래서 그렇게 가고 싶었던 <라라랜드>의 그리피스 천문대는 못 갔다. 대신 럭셔리 비치라는 산타 모니카를 가 보자 했으나, 사람이 바글바글 비집고 들어갈 틈도 안 보여서 거기도 한 발자국 걸어 보지도 못했다.

Irises Imitation Acrylic, 20.2×25.2cm, 2018

캔버스 사이즈는 크지 않았는데 다른 작품들에 비해 몰입도는 최고. 어젯밤 스케치에 3시간, 오늘 종일 페인팅 하는데 7시간, 총 10시간의 정성을 쏟은 작품이다. 물론 고흐 아이리스 모작이지만, 하윤이만의 <아이리스>로 다시 태어났다. 내 눈엔 하트가 백만 개~

2018.08.01.

LA는 San Francisco와는 너무 다른 느낌이었다.

샌프란시스코의 하늘과 반대로 너무 뿌옇고, 느긋하고 운전 매너가 완전 좋은 샌프란시스코의 차들과 달리 LA의 차들은 천하무적이었다. 오랜만에 완전 식겁. 또 건물이며 사람이며 너무 빽빽해서 금방 피로감을 느끼게 했다. (빨리 우리 동네로 돌아가고 싶은 마음이 살짝ㅋ)

LA Korea Town은 어마어마했다. 여기가 한국인지 미국인지 헷갈릴 만큼 한국 그대로를 옮겨 놓은 거 같았다. 2~30년 전쯤 한국이 이런 모습이었을 거다. 샌프란시스코도 영어 안 쓰고 사는 데 불편함이 없지만, 여기서는 영어를 아예 잊고 살지 싶다. 4일 동안 한국 음식을 원 없이 먹었다. 돌솥비빔밥, 순두부와 불고기, 왕돈까스, 순댓국, 냉면, 바지락칼국수, 해물찜, 모둠 삼겹살과 김치찌개까지. 살짝 2% 부족한 맛이긴 했지만, 향수를 달래기에는 충분했다. 담에 오면 또 가고 싶은 집과 또 가지 않을 것 같은 집으로 분류해 뒀다는ㅋ

불편한 점도 많았지만 여행은 항상 많은 배움을 남긴다.

새로운 곳에 대한 호기심과 나의 지적 욕구를 불끈 솟게 하고, 상대방을 알아 가면서 인내심을 가르치고, 관계에서 나의 부족한 유연함을 좀 더 기를 수 있는 기회를 준다는 거. 그리고 돈은 많을수록 좋다는 거. 백수인 나는 불가능한 영역이니, 능력자 남편이 지치지 않고 잘 벌어 오도록 열심히 격려하는 것이 나의 살길이라는 큰 깨달음에 이른다.

2018.07.29.

우리 가족의 첫 번째 여름휴가 여행에 대한 기록이다. 그때만 해도 '내가 가고 싶은 곳'보다는 '여행자가 꼭 가야 하는 곳'으로 루트를 짜던 때였다. LA를 처음 가는 가족여행이라면 무조건 디즈니랜드와 유니버셜 스튜디오를 찍어 줘야… '나 LA 다녀왔다'라고 말할 수 있을 것 같았다. 정말 하기 싫은 밀린 숙제를 억지로 해치운 느낌이랄까. 디즈니랜드가 정말 가고 싶은 위시 리스트인 사람도 분명 있다. 내가 아니었다는 걸 말하는 것뿐이다. 그래서 우리는 그 여행 내내 금방 피곤했던 것 같다. 누구를 위한 여행이란 말인가.

그 후로 우리는 주로 산으로 여행 계획은 세운다. 트레일은 4시간, 5시간을 걸어도 피곤하기보다는 에너지가 충전되는 기분이다. 그리고 고급 레스토랑에서 먹는 코스 요리보다 써밋에 올라 하늘 뷰를 보며 먹는 라면과 김치가 우리 입에는 더 꿀맛이다. 우리는 도시 쥐는 못하겠더라. 그냥 시골 쥐가 딱 체질이다. 각자 자기 스타일에 맞는 곳으로 여행하는 것이 가장 큰 힐링을 준다는 것이 진리다.

코비드19

오늘 낮 12시 코스트코.
전쟁 전야인 듯 공포감이 가득하다 해도 과언이 아니다. 무슨 일이 있어도 절대 마스크를 안 쓰는 백인들도 마스크를 썼고 (아마존에서도 마스크는 품절인 지 오래다. 안타깝게도 우리 집에는 마스크가 없다.) 코스트코 안에는 발 디딜 틈도 없고, 물건도 거의 동난 상태이다. 얼마 전에 코스트코에서 화장지 한 통을 두고 싸움이 났다고 해서 웃고 말았는데, 충분히 그럴 만하다. 내일 아무래도 아침 댓바람부터 코스트코 앞에 다시 줄을 서 봐야겠다. 미국 정부에서도 이번 코로나가 앞으로 두 달 정도가 고비가 될 것이고, 인플루엔자로 사망한 사람의 5배인 200만 명까지 사망자를 예상하고 있다. 남편은 이번 주부터 재택근무를 시작했고, 하윤이도 다음 주부터 한 달 동안 학교를 가지 못한다. 모두들 건강하게 이 시간을 이겨 나가길 간절히 바라 본다.

2020.03.13.

오늘 하루를 어떻게 보냈는지 모르겠다. 오늘 밤 자정부터 3주 동안 경찰이 차량 통행을 제한한단다. 물론 꼭 필요한 경우를 예외 사항으로 두고 있기는 하지만, 3주는 집 안에 머무르라는 정부 발표가 있었다. 벌금 $1,000이거나 징역 90일이라는 중형이 걸렸다. 급하게 집 앞 Safeway를 갔으나, 이미 진열장이 대부분 비었고, 계산하는 줄에서 1시간 넘게 기다리고서야 탈출했다.

CVS도 만만치 않았다. 애드빌이 아닌 타이레놀만 효과가 있다더니 역시 하나도 없다. 아쉬운 대로 타이레놀 친구인 아세타미노펜 한 통 겨우 챙겼다. 심지어 화장지를 만나 반갑다 했다만, 개인당 2롤, $5. 이건 미친 거다.
여기저기 기웃거린 오늘... 얼굴이 화끈화끈, 눈도 따끔따끔... 병나겠다. 내일부터는 무조건 집콕이다. (슬픈 소식 하나 더! 아마존에 주문한 손 세정제는 아직 도착하지 않았는데, 모든 운송을 정지시킨다니 어이없다. 이러다 폭동 나는 거 아닌가 몰라.)

2020.03.16.

하루하루 상황은 악화되는 중이다. 한 달이 아니라, 이번 여름이 지나도 해결되지 않을 거라는 의견이 지배적이다. 낯선 곳에서 처음 겪는 일이라... 그 두려움은 배가 된다. 내일은 아침 일찍 마트를 다녀오려고 한다. 얼마간 먹을 일용할 양식이 아직 있긴 하지만, 상황이 장기화될 것을 대비하려면 좀 더 필요해 보인다.
문득 얼마 전 넷플릭스에서 보았던 영화가 생각난다. <버드 박스>, 산드라 블록이 주인공이었는데 어떤 알 수 없는 바이러스 때문에 좀비가 되는 상황이다. 그 좀비와 눈을 마주치면 바로 감염되어 자살을 한다. 격리된 상황에서 음식을 구하기 위해 눈을 가리고 마트를 가는 장면과 데자뷔를 이룬다. 어디에서 바이러스를 만날지 예상하지 못하는 상황이 우리를 더욱 공포스럽게 한다. 영화보다 더 영화 같은 현실이란 말밖에.

2020.03.20.

점심은 꼭 마당에서 먹어야 한다는 하윤이의 성화에, 번거롭게 부엌과 마당을 여러 번 왔다 갔다 했다.
그래도 그 덕분에 하늘도 올려다보고, 바람 따라온 새소리도 듣기 좋다.

넘나 무료한 일요일 저녁. Google Hangouts으로 지인들을 만났다. 그래도 화면으로나마 얼굴 보고 잠깐 수다하니, 즐겁네. 모두들 건강하게 이 시간을 잘 이겨 내 보자구요. 금욜 밤에 맥주와 함께 다시 만나요. 컴퓨터 앞에서.

2020.03.29.

집에 있어서 좋은 점들을 하나씩 찾아낸다.
스피디한 캡슐커피보다 느리지만 깊은 드립커피에 손이 간다. 오랜만에... 좋다. 오랜만에 만난 햇볕이 포근하다... 감사하다. 차 없이 걸어서 동네 산책을 했다. 매일 보던 익숙한 풍경인데, 느릿느릿 걸으면서 만나는 모습은 너무도 예쁘고 새롭다... 감사하다. 한 시간을 훌쩍 넘은 걷기는 내 몸을 깨우고 내 머리를 개운하게 한다... 감사하다. 오늘 우리는 일상 속에서 보물찾기처럼 감사함을 발견한다... 감사하다.

2020.04.07.

하루에 한 번 우리는 외출을 한다. 하윤이는 오늘 무얼 입을까 한참을 고민하더니, 청반바지에 검정색 스타킹을 입고 나왔다. 산책하는 내내 자신의 코디에 엄청 만족한 듯 즐겁기만 하다. 내일은 멜빵 청치마를 입을 거라나 뭐라나. 무료한 날들이지만, 소소한 재미가 우리를 위로한다ㅎㅎ

2020.04.15.

'쉘터-인-플레이스'를 하면서 가장 아쉬운 건 야채와 과일이다. 저장식품은 두세 달은 문제없고, 고기와 생선도 냉동실에서 한 달 정도는 거뜬한데, 야채는 일주일을 채 버티기가 힘들다. 장 본 지 2주가 지나니... 야채가 그립고 또 그립다. 평소에는 이렇게 애절하지 않았는데, 외부요인에 의해 제약을 받으니 더더더 당긴다고 할까.

그래서 오늘 고추 모종과 깻잎, 상추를 화분에 심었다. 우리 집 야드에 토끼, 다람쥐, 두더지 등 경쟁자가 넘 많지만, 여러 날을 잘 버티어 우리 식탁에 이쁘게 올라와 주길 간절히 기도한다.

2020.04.17.

동네 밖으로 모든 외출은 금지되었다. 다행히 집 근처 아름다운 길을 걸을 수 있어서 좋다. 요즘 같아서는 더욱 귀하다.

2020.04.19.

쉘터-인-플레이스 7주 차 시작.

지난 6주 동안 나의 인내심은 조금씩 조금씩 짧아졌다. 주말이 힘들더니, 금요일부터 지치고, 목욜 오후부터 진이 빠졌다. 그러다 7주를 시작한 월욜. 나는 이미 일주일의 에너지를 다 써 버렸다. 아무것도 안 하고, 눕고만 싶다. 달달한 간식으로 당 충전하고 겨우 좀 살아날까 했으나 5월 3일로 끝날 예정이던 쉘터-인-플레이스가 5월 말까지 한 달이나 연장되었다다다다다다. 이런 망%#£¥€*^~\

2020.04.27.

오늘 우리 집 남자의 장 보기. 백종원의 김치 동영상을 숙지하고, 서울 어머니께 배추 절이는 법까지 꼼꼼히 물어본다. 내일 어떤 김치 맛을 볼 수 있으려나 너무나 기대된다. 코비드19는 이 남자의 숨은 재능을 발견하는 감사한 시간이다.

2020.05.01.

California UC가 이번 가을 학기에 학교를 열지 않을 거라고 한다. (물론 온라인 수업은 있겠지만.) 하윤이가 8월에 학교를 갈 수 있을지 없을지도 미지수다. 7월까지 아니면 무기한으로 Stay-at-Home이 연장될 거라는 LA발 소식도 들린다. 아프지 않고 안전한 것에 감사하지만, 순간순간 고립감에 침몰하는 기분을 이겨 내기 쉽진 않다. 오늘은 괜히 백야드에 하얀 천 두 장을 걸었다. 하늘거리는 틈새로 파란 하늘을 올려다보며, 나는 이곳에 여행 왔노라, 여행 왔노라 마법의 주문을 걸고 바람을 느껴 본다. 나무 냄새를 깊이 들이마셔 본다. 이렇게 나는 정신 줄을 놓는다.

2020.05.15.

오늘부터 일주일 동안 저녁 8시 30분 ~ 아침 5시까지 야간 통행금지가 시작된다. 지난 25일 미네소타에서 백인 경찰이 무장하지 않은 흑인을 체포하는 과정에서 흑인이 사망하는 사건이 발생했고, 미국 전역에 시위가 일제히 시작됐다. 과열된 시위는 상가 약탈로 이어지고 있다. 하루 종일 뉴스에서는 연신 방화와 약탈의 영상을 보여 주고 있다. 보고도 믿을 수 없다가 이곳저곳 지인들의 동네에서 약탈 소식이 들려오니 그제야 실감이 난다. 넘 무섭다. 코비드19를 능가하는 공포심이 우리를 집 안으로 숨게 한다. 매일매일 공포영화가 내 일상을 점령해 들어온다.

2020.05.31.

코비드19 심각지수가 다시 올라가면서 집이 제일 안전하다 하지만 집에서 찾을 수 있는 활력은 이미 다 소진한 듯하다. 가장 먼저 내 몸이 느낀다. 그렇게 열심히 쓸고 닦고 요리하던 열정은 사라진 지 오래고, 적당히 보이는 곳만 치우고 적당히 끼니만 때우는 수준이다. 심지어 하윤이까지 방학이라 우리의 타임 테이블이 무너진 지는 오래고, 어제가 오늘인지 내일은 또 무엇인지 무념무상으로 변했다.

이제는 아침에 일어나도 배가 고프지 않다. 밤새 무료한 입을 달래느라 흡입한 탄수화물 덩어리들이 미처 소화될 시간이 없어서 여전히 더부룩하다. 도저히 안 되겠어서 아침 조깅을 시작했다. 일주일 세 번 1시간씩이 목표다. (내가 이곳에 기록하는 이유는 나의 약속을 좀 더 확고히 하기 위함이다ㅋ) 이른 아침 바람이 이렇게 달구나. 그리고 아침 햇살을 품은 우리 집 풍경도 이렇게 이쁘구나. 새로운 날이다.

2020.07.06.

지난 4월 예정이던 피아노 리사이틀은 코비드19 때문에 7월로 옮겨졌다가… 결국엔 취소되었다. 하윤이는 무료한 일상 가운데 즐거운 마음으로 곡을 연습하고, 드레스를 오더했었다. 걱정이 안 됐던 건 아니지만, 막상 캔슬됐다고 하니 아쉬운 마음이 크다. 이렇게 코비드19가 우리의 삶을 한순간에 바꾸어 버렸음을 또 한 번 실감한다. 우리는 무엇을 꿈꾸며 살아야 오늘 하루에 지치지 않을 수 있을까.

2020.07.16.

이곳 미국의 코비드 상황이 나아질 기미가 전혀 없다. 최근 산타클라라 카운티는 퍼플 등급으로 올랐다. 멀지 않은 LA 카운티는 3주 Shelter-in-place 명령이 떨어졌고, 이곳은 밤 10시부터 새벽 5시까지 통행금지가 다시 시작됐다. 심지어 150마일 이상 떨어진 곳만 다녀와도 2주 자가 격리를 권고한다. (요세미티가 200마일인데ㅠ) 그리고 주변에 한 다리 건너면 알 수 있는 사람들의 코비드 양성 판정에 긴장감은 더더욱 높아졌다. 공포가 코앞에 있다.

2020.12.01.

이 밤, <미스트롯>의 맛깔난 트롯을 따라 흥얼거리며 우리는 도토리를 깐다. 영락없이 영감, 할매다. 열심히 까도 까도 겨우 요만큼인데, 올해가 끝나기 전에 도토리묵 한 젓가락은 먹을 수 있는 걸까. 먹을 수 있어야 한다. 기필코.

2020.12.17.

2019년 12월 중국발 '코비드19'는 주변 나라들에 먼저 영향을 끼치더니, 아주 빠른 속도로 우리가 살고 있는 캘리포니아까지 손쉽게 침범해 왔다. 하윤이가 미들스쿨 8학년 2학기에 3주로 예정되었던 온라인 수업은, 1년 반이 지나 하윤이 10학년이 되어서야 학교에서 정상 수업으로 바뀌었다. 남편도 1년여 재택근무를 하고 출근을 재개했다. (같은 회사의 다른 분들은 2년을 넘게 재택근무를 했고, 지금도 여전히 재택과 출근을 하이브리드로 하고 있긴 하다.)

코로나의 한 중심에 있던 2020년의 일기를 옮기긴 했지만, 그 이후로도 일상으로 돌아오기까지 힘든 시간이 길고도 지루하게 계속되었다. 비자 갱신 때문에 한국을 방문해야 했던 2021년 2월, 2주간 쿼런틴을 하느라 온 가족이 작은 오피스텔에 꼼짝없이 갇혀서 정반대의 시차로 미국 학교 수업과 회사 일을 하느라 제정신 아니었던 기억은 아직도 끔찍하다.

주변 지인들이 몇 번씩 코로나 양성으로 고생했지만, 우리 가족은 너무도 다행히 아프지 않아서 감사했던 시간을 지나, 2022년 여름 하윤이의 학교 오케스트라 유럽 투어 중에 하윤이와 내가 미치게 아팠던 (검사 키트에는 음성으로 나왔지만, 분명 증상이 정확히 일치한다.) 아찔한 순간들도 있었다. 지금은 인플루엔자와 동급으로 우리의 생활 속에서 함께 사는 일상 감염병 정도로 인식되지만 그때의 공포감은 생각만 해도 머리가 쭈뼛 선다.

쉽지 않았던 시간이지만, 돌아보면 나쁘기만 했던 것은 아니다. 남편과 2000년에 결혼한 후에 온 가족이 그렇게 가깝게 지내 본 적이 처음이고, 앞으로도 가능하지 않은 일일 거다. 우리는 24시간 동안 함께 요리를 하고, 밥을 먹고, 같이 음악을 듣고 이야기를 나누고, 산책을 했다. 남편이 김치를 담그고, 뒷마당 도토리로 도토리묵을 만들고, 옆집에서 나누어 준 감을 깎아 곶감을 만들었다. 마당에 사는 토끼와 두더지에게 우리가 고이 키운 상추, 부추, 깻잎과 고추를 고스란히 헌납하기도 했다. 아마존에서 구입한 이발기로 머리를 깎다가 남편 뒤통수에 500원짜리 동전만 한 구멍을 만들기도 했지만, 우리 가족끼리 함께한 좌충우돌 시간들은 무엇과도 바꿀 수 없을 만큼 소중하다.

2018년 이전의 한국 생활과 비교하면 놀라운 발전이다. 각자 자기 사느라 바빠서 다른 가족이 무얼 하는지 무슨 생각을 하는지 전혀 관심 가질 여유조차 없고 심지어 서로에게 상처만 주었는데, 코로나 덕분에 우리는 서로를 가장 잘 알고 이해하는 베스트 프렌드가 되었다. 가족이 귀하다는 생각을 처음으로 하게 된 때였다. 세상엔 모두 나쁘기만 한 것은 없다. 코로나 때문에 몇 년의 시간이 홀라당 날아가 버리긴 했지만, 우린 가족을 얻었다. 그 험난한 시간을 함께 잘 견뎌 낸 동지애로 앞으로 어떤 일도 우리가 헤쳐 가지 못할 일은 없지 싶다.

봄_우리 집 2
Acrylic, 30.5×40.5cm, 2020

Flowers
Acrylic, 40.6×50.8cm, 2021

하윤이가 설거지를 한다?!!

월욜 오후 5시에 시작된 엄마의 줌 미팅이 8시가 넘어서야 겨우 끝났다. 배고프게 기다려 준 하윤이에게 최대한 쉽고 빠른 저녁을 차려 주고 싶었으나, 하윤이가 모두 싫단다. 그럼 무얼 먹고 싶으냐고 물으니, 대답은 "스파게티." 살짝 귀찮아서 망설이는 사이에 하윤이가 한마디 덧붙인다.

"하윤이가 같이 만들 거예요."

할. 렐. 루. 야.
부엌을 몹시 불편해하는 아이라서, 부엌과 친해지게 하는 게 나에게 큰 숙제였고, 이렇게 꼬셔 보고 저렇게 꼬셔 봐도 마지못해 몇 번 해 줄 뿐 즐거워하지 않아서, 얼마간 해결하지 못한 숙제로 미뤄 두고 있었는데…. 오늘은 자기가 먼저 하고 싶다고 말했다.

냉장고를 열어 자기가 넣고 싶은 재료로 버섯과 토마토를 듬뿍 꺼냈다. (싱크대를 이상하리만큼 무서워하는데) 오늘은 버섯과 토마토를 직접 씻어 왔다. 토마토를 썰면서 몇 조각이나 입에 넣는다. 잘게 썬 마늘과 양파를 먼저 볶으라고 했더니, 양파 매운 내로 눈도 못 뜨면서도 키득거리며 고소한 향이 올라올 때까지 잘 볶는다. 토마토소스에 버섯, 토마토를 가득 넣어 맛있는 스파게티를 완성했다.

더불어 스프라이트를 좋아하는 하윤이는 한 캔을 양보하기 쉽지 않은데, (내가 먹고 싶어서가 아니라, 나쁜 건 이 엄마가 대신 먹어 주마 심정으로) 한 컵만 나눠 달라고 했더니 흔쾌히 따라 준다. 하윤이가 만들어 준 오늘 저녁 스파게티는 역시 엄지척.

누가 우리 아이들의 한계를 정할 수 있단 말인가. 누군가에게는 너무나 당연하고 사소한 일인데도, 이 아이들에게는 감당하기 어려운 일인 경우가 너무 많다. 싱크대에 걸쳐진 고무장갑이 몸서리쳐지게 무서운 하윤이처럼, 치약을 흘리지 않고 이 닦기가 어려운 친구도 있고, 김밥 몇 조각을 거부감 없이 먹기를 거부하는 친구도 있고, 손에 무엇이 묻는 걸 용납할 수 없어 크레파스나 물감을 만지지 못하는 친구도 있다. 그런 아이들이 세상 속에서 만나고 견뎌야 하는 어려움은 더더욱 많고 힘겹기만 하다. 엄마 된 입장에서 작은 어려움부터 극복하게 해서 세상의 거센 바람 앞에 당당히 서게 해 주고 싶다. 그런 마음이 과해지면 아이와 실랑이를 하게 되고, 여러 번의 시도에도 개선되지 않으면 우리 아이는 안 되나 보다 좌절하고 포기하기 일쑤다. 그러면서 아이의 한계점이 높이높이 올라간다.

그런 경험을 참 많이 한 나에게 일상 만들기 모임은 든든한 지원군이 되어 주었다. 좋은 자극으로 나를 깨어 있게 하고, 아이디어를 모아 주고, 응원의 멘트들로 새로운 용기를 주고, 나의 아주 작은 성취에도 우레와 같은 박수를 얹어 준다.

열여섯 하윤이에게 그동안 실패와 좌절은 말할 수 없이 많았다. 10년 전 하윤이의 그 시간을 보내는 중인 후배들에게 꼭 말해 주고 싶다. 실패하는 경험들이 큰 재산이 되어 (우리가 포기하지 않는 한) 우리 아이들은 성장할 것이다. 오늘 하루의 퇴행에 넘 슬퍼하지 말고, 스무 살 우리 아이를 떠올리며 좀 더 큰 그림을 그려 보라. 엄마의 한결같은 기다림은 우리 아이들에게 긍정의 에너지가 되어 언젠가 꼭 해낼 수 있다.
어제의 하윤이와 오늘의 하윤이는 분명 다르고, 스무 살 하윤이와 서른 살 하윤이는 더욱 성장해 있을 거라 믿는다.

2022.05.16.

하윤이는 어려서부터 부엌을, 특히 싱크대를 몹시 불편해(?)했다. 시끄럽게 흘러나오는 물소리도 하윤이를 심하게 자극했고, 정확히 알지 못하는 이유로 고무장갑은 몸서리치게 무서운 물건이다. 엄마가 설거지를 시작하면 아예 부엌 근처에도 안 오는 아이였다. 센서리 문제를 없애 보려고 별의별 방법을 다 써 본 것 같다. 사탕발림도 해 보고, 강하게 푸시해 보기도 하고.... 무엇도 통하지 않아, 언젠간 하겠거니 하고 결국 내가 두 손 두 발 들어야 했다.
지난 금욜에는 엄마가 외출한 틈에 도시락통을 씻어 두었고 (내가 직접 보지는 못했다.) 토욜에는 아빠와 라면을 먹고 난 후에 물컵을 씻어 놓더란다. 그런데 오늘은 웬일. 작정한 듯 산처럼 쌓인 설거지를 뚝딱 해치운다. 혼자 흥얼흥얼 노래까지 불러 가면서. 누가 무엇이 하윤이에게 무슨 짓을 한 게냐?
이렇게 기쁜 날, 모두 함께 호레이~

2022.06.19.

많이 아주 많이 좋아졌다고 생각했다. 하지만 (하윤이가 여름방학에 한국 방문을 했을 때) 알게 됐다. 하윤이의 불안이 낮아진 게 아니라, 하윤이에게 불안과 긴장을 야기하는 환경이 최대한 제한되었던 거였다.

어제 오전에는 하윤이의 통장을 만들기 위해 은행을 방문했다. 한국에 와서 하윤이가 주변을 두리번거리면서 살피는 게 많아지긴 했지만, 좀 과하게 심했다. 하윤이의 동공이 커지고 나에게 바짝 붙어서 온 힘으로 내 손을 꽉 잡고 부들부들 떤다. 잠시 후 온몸이 사시나무처럼 떨린다. 엄~마, 엄~마, 엄~마. 하윤이의 시선이 머무르는 곳에, 빨간 고무장갑을 낀 청소 아주머니가 있다. 감사하게도 하윤이의 상황을 아시고, 빨간 고무장갑을 벗고 그 안에 면장갑도 벗어 주셨지만, 하윤이의 떨림은 멈추지 않았다. 결국 아주머니는 하윤이의 시야에서 벗어나야 했다. (몇 번을 죄송하다 감사하다 이야기했는지 모른다.)

또 하필 지하철 안에서는 목소리를 높이며 싸우는 어르신들과 여러 정거장을 함께 가야 했다. 여지없이 불안으로 경직되더니 부리나케 이어폰을 끼고 음악 볼륨을 높였다.

어디를 가도 사람들은 빼곡하고, 소음이 일상인 이곳에, 하윤이가 바라는 안전거리 유지란 불가능하다. 자신을 보호하는 데 너무 많은 에너지를 써 버린 하윤이는 이른 저녁부터 몹시 피곤해서 다크서클이 턱까지 내려온다.

2023.07.14.

우리는 언제 어디서 어떤 어려운 상황을 맞닥뜨릴지 전혀 예상할 수 없다. 아무리 수많은 예상 문제를 시뮬레이션하더라도 정작 실제 상황에서는 어이없이 멘붕이다.

하윤이는 오늘 굿씨드 크리스마스 파티를 위해 피아노곡을 여러 개 준비했다. 특히나 신나는 캐럴에는 그 흥을 폭발시켜 줄 계획이었으나, 하윤이 연주가 시작되기도 전에 네 살 동생의 울음이 터졌다. 한참이 지나도 멈추지 않았고, 하윤이의 불안이 덩달아 마구마구 뿜어 나온다. 눈동자가 흔들리고, 건반 위의 손가락들이 부들부들 떨려 온다. 준비했던 흥은 온데간데없고, 악보도 안드로메다로 사라지고 마구 틀려 주신다. 다 괜찮은데, 혹시라도 연주를 다 끝마치지 못하고 뛰쳐나올까 봐 걱정했지만 일단 끝. 하윤이의 별나라 주절거림이 시작된다. 눈물이 그렁그렁해서, 도돌이표 질문들이 마구 쏟아진다. 언제쯤 우리는 시뮬레이션대로 멋지게 문제를 풀어낼 수 있을라나. 지치는 밤.

2023.12.09.

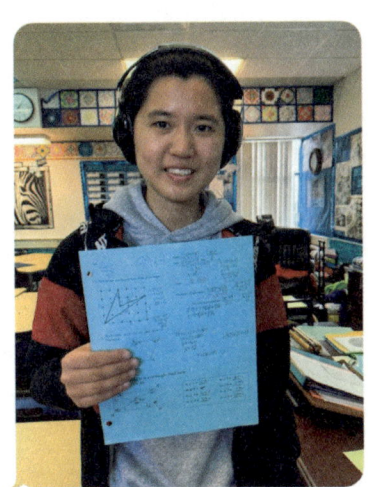

"Hi, mom.
I got 100% on my quiz."
- Hayoon

평소 하윤이는 학교에서 정말 많은 전화를 한다. 누가 어그부츠를 신었는데 나도 신고 싶다고. 누구처럼 치마를 입고 싶다고. 선생님이 하윤이만 블루 페이퍼를 안 줬다고. 옷에 스테이크 소스를 쏟았는데 괜찮냐고. 엄마는 오늘 아침에 왜 하윤이한테 큰소리로 "이하윤!" 했냐고. 수만 가지 이유로 쉬는 시간이고 수업 시간이고 가리지 않고 전화를 한다. (학교 선생님들도 이제는 그러려니 하시는 것 같다.) 나는 마음이 부글부글 끓어올라도 다 괜찮다고. 하윤이를 최대한 친절하게 다독이고 끊는다.

하지만 오늘 같은 문자는 언제든 환영이다. (물론 보조 선생님께서 많은 도움을 주셨다는 걸 안다. 그럼에도 하윤이가 성취감을 느꼈다면 충분히 의미 있다.) 너에게 항상 즐거운 일만 가득하면 좋겠어. 졸업이 얼마 안 남아 너무 아까운 학교에서의 시간들을 맛있게 음미하면서 보내거라.

2024.01.30.

며칠 전, 아침부터 학교에서 하윤이는 전화다.
"엄마, 해나가 Falcon 티셔츠(학교 티)를 입었어요. 나도 해나처럼 입고 싶어요."
"하윤아! 너 집에 그 티셔츠 있지?"
"네."
"그럼 어떻게 하면 될까?"
"오늘 집에 가서 팰콘 셔츠 입고, 내일 학교 갈 때도 입을 거예요."
"그럼 학교 끝날 때까지는 잘 참자."
"네."
하지만 10분도 지나지 않아, 또 전화가 온다.
"엄마, 나도 팰콘 티셔츠 입고 싶어요."
"그럼 오늘 수업하지 말고, 지금 집에 올래? 엄마가 하윤이 데리러 갈께."
"집에 안 갈 거예요. 기다릴 거예요."
그러더니 결국 1교시 아트 수업 시간에 터졌다.
다른 친구가 또 그 티셔츠를 입고 있었고, 하윤이는 울며불며 그 티셔츠 입고 싶다고 방방 뛰었나 보다. 아트 선생님께서 본인 티셔츠를 빌려주셨고, 그것을 입고서야 하윤이는 진정하고 아트 수업을 할 수 있었단다.
아트 선생님은 나에게 메일을 주셨고, 스페셜 클래스 선생님도 전화로 자세하게 상황을 전해 주셨다.

요즘에는 특히 더 친구가 하는 것은 무엇이든지 자기도 하고 싶어 하는 욕구가 부지불식간에 올라오고, 해결이 되지 않으면 될 때까지 그 요구가 꺾이지 않는다. 학교에서는 선생님께서 상황을 바로 해결해 주시지만, 이제 곧 학교 졸업인데 누가 그 수발을 들어 준단 말인가. 세상이 그렇게 호락호락하지 않은 걸 어쩌란 말인가.
오랜만에 머리가 복잡한 밤을 보냈었다.

2024.02.16.

큰 산을 하나 넘었다.
내가 늙어 가는 건 괜찮은데, 하윤이가 나이 드는 건... 왠지... 별로다.
어릴 적엔 의지하고 갈 학교가 있었지만, 성인이 되는 하윤이에게 오로지 나밖에 없다는 게 걱정스럽다. 날 믿고 가도 되는 건가 괜히.
내가 단단히 서서 흔들리지 않아야 하윤이에게 불어오는 작은 바람쯤은 거뜬히 막아 줄 텐데. 금방 지나가는 바람이야, 별거 아니야, 괜찮아 말해 줄 수 있을 텐데.
아이의 변화하는 니즈를 따라가기 위해 나도 계속해서 성장하기를 오늘도 소원했다.

몇 달에 걸쳐 사랑니 발치를 끝낸 하윤이에게 선생님이 그런다.

      "사랑니는 잘 뺐으니, 이제 사랑만 하면 되겠네."

하윤이도 어른이 되고 있구나.

2024.02.23.

자폐성 장애는 영어로 ASD(Autism Spectrum Disorder)라고 한다. 아주 중증인 경우부터 경증이거나 〈이상한 변호사 우영우〉처럼 어느 면에서 천재성을 보이는 아스퍼거증후군까지 정말 넓은 범위를 모두 포함한다. 그리고 자폐성 장애를 가진 사람들 중에 한 명도 같은 캐릭터는 없다고 말할 정도로, 정말 모두 다른 어려움을 가지고 있다. (이런 이유로 나는 자폐성 장애 하윤이의 엄마로 20년 가까이 살고 있지만, 여전히 다른 자폐성 장애인을 만나면 어색해지곤 한다. 나는 하윤이에 대한 전문가일 뿐이다.)

하윤이는 언어적 소통능력이 특히 많이 부족해서 초등학교 입학 전 4-5세 수준 정도이고, 사회성 영역에서도 다른 사람들과 어울리기 쉽지 않다. 규칙과 루틴에 대한 강박도 아주 심해서, 정해진 일정 이외에 변경되는 상황이 생기면 쉽게 불안해진다. 그래서 우리는 하윤이에게 전후 상황에 대해 늘 많은 말을 한다.

사실 감각적 어려움이 가장 힘든 부분이다. 어린 시절에는 모든 감각이 심각하게 예민했다. 풀밭을 걷지 못하는 촉각의 문제, 음식의 식감에 따라 먹지 않으려고 하는 편식의 문제, 자꾸 다른 사람의 머리 냄새, 옷 냄새를 맡으려 후각적 자극을 추구하고, 한 줄로 신발, 인형, 칫솔 등 정리하기, 빙글빙글 돌기 등 다양한 어려움이 있었다. 차츰 아이가 성장하면서 조금씩 그 강도가 줄어들어 갔지만, 여전히 해결하지 못하는 것이 있다. 소리에 대한 방어능력이다. 아이가 우는 소리나 주변에서 싸우는 소리에는 불안이 순간 높아져서 그 화를 전혀 컨트롤하지 못한다. 우는 친구의 머리를 잡아당겨서 학교에서 메일을 받은 게 여러 번이기도 하고, 그 고통스러움에 바들바들 떠는 하윤이를 보는 것도 정말 안쓰러운 일이다. (전문가 선생님의 말씀으로는, 우리에게 평범한 소리가 하윤이에게는 칠판을 손톱으로 긁는 그런 날카로움으로 느껴질 수 있다고 했다. 그 상황을 생각만 해도 나는 순간 온몸에 소름이 돋는다.)

그리고 하윤이의 불안을 극도로 높이는 요소가 바로 '빨간 고무장갑'이다. 그 이유가 무엇일지 전혀 짐작이 되지 않지만, 아마도 과거에 무섭고 불안했던 상황이 그 순간 그곳에 있었던 빨간 고무장갑으로 트라우마가 되어 남았을 수도 있다고 했다. 그래서 하윤이는 부엌을 좋아하지 않고, 설거지는 꿈도 못 꿀 일이었다. 그런 하윤이기에 물컵 하나 씻는 아주 평범한 일이 정말 감동의 순간이었던 것이다.

하윤이의 장애 진단을 처음 받았던 어린 시절에는 몇 년 치료를 잘 하면 깨끗하게 나을 수 있는 질병으로 생각했다. 하지만 이제는 안다. 하윤이가 가진 오티즘은 질병이 아니라, 그냥 하윤이다. 키 큰 사람이 있고, 키 작은 사람이 있는 것처럼 하윤이는 그렇게 태어났을 뿐이다. 불편하고 어려운 점은 수만 가지이지만, 평생 함께 가야 할 숙명이다. 그래서 이제는 없애는 게 목표가 아니라 그 어려움들을 잘 다독여 가면서 지내는 법을 훈련한다. 하윤이는 귀를 자극하는 주변의 소음이 견딜 수 없으면 노이즈 캔슬링 헤드폰을 끼고, 교실에서 친구가 우는 상황이 생기면 선생님께 "I need a Break."이라고 말하고 잠시 교실 밖으로 벗어나고, 불안한 상황에 심장박동수가 마구 빨라지면 깊은 호흡을 하면서 "Breathe In. Breathe Out."의 주문을 건다. 그래도 안 되는 날이면, 하윤이는 쉬는 시간이건 수업 시간이건 상관하지 않고 엄마에게 전화를 건다. 속상한 마음을 엄마에게 얘기하고 나면 좀 나아진다. 그 컨트롤이 늘 성공적인 결과로 이어지는 것은 아니지만, '그럴 수도 있지, 뭐. 어떻게 늘 잘 컨트롤 되겠어. 나도 내 화를 누르지 못해 꼭 쏟아 내고 나서 후회하잖아. 괜찮아.' 하고 만다.

어느 책에서 만난 '신경다양성'이라는 표현을 나는 아주 좋아한다. 자폐성 장애 하윤이는 뭔가 잘못된 것이 아니라, 뭔가 다른 것일 뿐이고, 우리는 그녀의 다름을 그저 자연스럽게 봐 주고 기다려 주는 배려만 있으면 된다.

양궁 소녀

하윤이가 어렸을 때는 치료에 몹시 매진했었다. 기능을 조금이라도 끌어올려 보기 위해서. 그리고 끌어올릴 수 있을 거라고 기대했다. 하지만 아주 미미한 발전이 치료 덕분인지 아니면 아이가 성장함에 따라 자연스럽게 습득되는 것이었는지 알 길은 없다.

지금도 여전히 언어능력은 부족하고, 감각들은 예민하고, 사회적 관계 맺기는 무엇보다 어렵다. 하지만 지금은 치료에 시간과 돈을 지불하고 있지 않다. 하윤이를 서포트하는 나의 기준이 바뀌었다. 아이의 부족한 부분은 받아들이기로 했고, 아이가 삶을 즐겁게 살 수 있도록 돕기로 했다. 2년 후면 하윤이는 학교 울타리 밖으로 나와야 하고, 긴 시간을 어떻게 하면 잘 보낼 수 있을까 생각해 보았다. 일단은 혼자서 독립생활이 가능해야 하니까, 집안일을 하나둘 익히게 했다. 방 청소를 자기가 직접하고, 빨래를 하고, 음식 만들기도 하고, 최근에는 그렇게 어렵던 설거지도 하기 시작했다. 앞으로는 하윤이가 내 끼니를 잘 챙겨 줄 거라 기대도 하게 됐다.

그리고 무엇보다 건강하게 잘 노는 게 중요하다는 생각이 든다. 다행히 여러 가지 운동을 배우는 데 주저함이 없다. 특히 혼자서 할 수 있는 운동들이 하윤이에게 참 잘 맞는다. 다른 사람들과 어울릴 때도 함께인 듯 따로인 듯 부담이 없다. 수영, 자전거, 스키, 등산, 골프 등 할 수 있는 운동이 많아서 좋다.

특히나 양궁은 하윤이와 같은 장애를 가진 친구들에게 참 도움 되는 운동이라는 생각이다. 다른 사람과 섞이지 않아서 부담스럽지 않고, 온몸 구석구석까지 집중을 하는 과정이 아이들이 긴장을 내려놓게 한다. 아이들이 양궁을 하는 동안 얼마나 차분해지는지 느낄 수가 있다.

물론 잘하게 되려면 많은 노력이 필요하지만, 잘하지 않으면 어떤가. 그 시간이 아이들에게 힐링이면 충분하지. 아이들의 기능을 향상시키는 다양한 치료들과 아이들의 재능을 찾아 주는 여러 수업들도 물론 중요하지만, 아이들이 잘 쉬어 갈 수 있는 힐링 타임을 꼭 찾아 주길 바란다.

2022.08.22.

Archery Spring Session starts.

주말에 노는 게 더 좋은 우리 패밀리지만, 오랜만에 과녁을 향해 활을 쏘는 하윤이는 연신 싱글벙글이다.

즐거운 이벤트로 풍선을 터트리는 재미까지 아주 좋다. 모든 경험은 다 이롭다. 인생을 풍요롭게 한다.

2023.04.01.

2019년에 우연한 기회에 하윤이는 양궁을 시작했다. 그리고 시작한 지 얼마 되지 않아 코로나로 모든 게 중지되었고, 실내 체육관에서 진행되는 양궁을 다시 시작하는 데 3년을 더 기다려야 했다. 더군다나 주말이면 산으로 들로 캠핑 가느라 토요일 양궁을 빼 먹기 일쑤다. 그래도 여전히 양궁에 발 담그고 있는 매력이 있다.

하윤이는 목표 의식이 강한 아이이다. 늘 잘하고 싶어 하는 욕심이 많다. 남들은 그런다. 열심히 하려고 하는데 얼마나 좋으냐고. 물론 좋다. 하지만 기대한 대로 결과가 나와 주면 아주 이상적이지만, 결과가 실망스러울 때면 하윤이의 그 불안과 화는 컨트롤하기 쉽지 않았다.

"왜 화살이 과녁에 안 맞아요?"

"다른 사람들도 화살이 하늘로 날아가요?"

그랬던 하윤이는 이제는 많이 달라졌다. '화살이 과녁에 맞으면 좋지만, 과녁에 맞지 않을 수도 있다'고 받아들이려고 하고, 어떻게 하면 맞을지 궁리를 시작한다. 턱을 내리고, 왼팔을 버티고, 오른팔을 최대한 많이 열고, 오른손을 떨어뜨리지 않고 귀에 붙이려고 노력한다. 그래도 안 맞을 때가 많다.

"그럼 어때. 쏘는 재미는 있잖아."

예전엔 나의 멘트를 듣는 척도 안하더니, 지금은 그 말이 위로가 좀 되나 보다. 시간의 힘이란 놀랍다. 그 시간은 차곡차곡 쌓여서, 화내다가 즐겁다가 그 증폭이 차츰 좁아지더니 요즘은 꽤 잔잔하다. 잔잔한 그 시간이 하윤이에게 큰 힐링이 되고 있다. 처음엔 30분도 힘들었는데, 요즘은 2시간은 거뜬하다. 그러다 보면 어느 순간 외친다.

"YELLOW. YELLOW. YELLOW!!!!"

어린 시절에 하윤이는 키도 크고, 팔다리가 길고, 힘도 좋아서 특수 체육을 하는 선생님들이 참 탐내던 운동 인재였다. 그런 데다가 하윤이는 시키는 것에 대해서 절대 "NO" 하는 법이 없이 끝까지 해내는 아이였으니 누구라도 그랬을 것이다.

아직도 잊히지 않는 장면이 있다. 인라인스케이트를 한참 배우던 때였다. 아주 크지 않았던 센터의 트랙을 할 수 있는 가장 빠른 속도로 30바퀴를 돌라는 선생님 말씀에, 하윤이는 정말 기계처럼 돌았다. (선생님은 인라인스케이트 대회에 하윤이를 내보내고 싶어 하셨다.) 코너링을 하다 팽그르르 넘어지면 바로 벌떡 일어나 또 돌고 넘어지고 또 돌고. 결국 30바퀴를 해냈지만 그날 저녁 확인한 하윤이 다리는 여기저기 깨지고 멍들고 엉망이었다. 이렇게까지 해야 하나 고민이 되던 순간이었다. 늘 매사에 열심이던 하윤이는 괜찮다고 계속하겠다고 했지만 나는 그 밤 내내 마음이 편치 않았었다.

또 한 번은 수영을 가르치던 선생님께서 "하윤이에게 애정이 많아서 드리는 말씀인데요, 하윤이는 수영(선수) 절대 시키지 마세요." 하신다. 비장애 선수들도 훈련이 어마어마하지만, 장애 선수들의 훈련 현장은 정말 쉽지 않다고. (여러 가지 말을 하셨지만… 글로는 다 옮기지 않겠다.) 하윤이에게 운동은 즐거운 놀이였으면 좋겠다고 이야기를 마무리하셨다.

나도 수영 선생님의 의견에 동의하는 바이다. 나는 하윤이가 세상을 미친 듯이 살지 않고, 적당히 살았으면 좋겠다. 우리는 평생 동안 "최선을 다하라."라는 목표 아래 살았다. 최선을 다하기 위해 고통받고, 참고, 욕심내고, 싸우고 했던 결과로 얻는 것은 무엇일까. 99일은 힘들었는데 1일을 만족한다면, 그것을 행복이라고 말할 수 있을까.

나는 하윤이가 적당히 애쓰고, 적당히 힘들고, 적당히 즐겁고, 적당히 편안하게 하루를 살면 좋겠다. 그 편안한 하루들이 모여 편안한 100일이 되기를 바란다. 하윤이는 봄가을에 트레일을 걷고, 여름이면 물놀이를 하고, 겨울에는 스키를 탄다. 잘하진 않지만, 적당히 즐길 수 있는 수준이다. 그냥 그렇게 행복하면 좋겠다. 하윤이도 나도.

We Are Saratoga Artists!!!

이제 번개로 언제든 함께 산책할 수 있는 동네 친구가 생겼다. 아이구 좋아라. 하윤이와 참 많이 닮은 아이, 인호야 반갑다.

2021.03.17.

새 친구는 새로운 활력소가 됩니다. 인호의 마커로 그림도 함께 그리고, 맛있는 토마토스파게티와 치킨도 잘 먹고 왔습니다. 지난 시간들, 그리고 지금 서 있는 이 시간을 다 설명하지 않아도 이미 잘 알기에… 엄마들의 티타임도 너무나 큰 위로가 됩니다. 다음번엔 하이킹을 함께 해 볼까 합니다.

2021.03.19.

Rancho San Antonio County Park

나랑 걸으면 항상 멀찌감치 떨어져 앞서가다 가끔 힐끔거리며 나와 거리를 유지하는 하윤이는, 친구가 있으니 나란히 걷는다. 그래 친구가 좋지. 너만 친구 있냐? 나도 새 친구 생겼다 뭐.

2021.03.23.

영어 말도 어렵고 분위기도 낯선 곳에서 눈치껏 요령껏 학교생활 하느라 애쓰는 우리 청소년들. 충분히 잘하고 있어 토닥토닥. 함께 그림 그리는 이 시간이 너희에게 휴식이고 새로운 에너지가 되길 바라.

2021.05.04.

Santa Teresa County Park

파이널 기간이지만, 시험 걱정(?) 없이 가뿐한 마음으로 걸을 수 있음에 감사한 날. 내가 좋아하는 트레킹을 함께 좋아해 주는 딸이 있음에 감사한 날. 연식이 좀 되어 젊은 속도를 따라가지 못해도, 타박하지 않고 묵묵히 기다려 주는 청춘들에 감사한 날. 강렬한 햇볕을 커버해 주는 시원한 산바람에 감사한 날. 내일도 오늘만 같아라.

2021.05.25.

Irish Blessing

당신의 여정에 평탄한 길이 열리기를
당신의 등 뒤에서 언제나 순풍이 불기를
당신의 얼굴에 따스한 햇살이 비추기를
당신이 지나는 들판에 촉촉한 비가 내리기를
하나님께서 당신을 그의 손으로 붙들어 주시기를
기도합니다.

2021.09.14.

잭-오-랜턴을 만드는
아이들의 손끝은 너무나 야무지고,
눈빛이 보통 진지한 게 아닙니다.
플레이데이트는 언제나 즐겁고,
할로윈의 밤도 깊어 갑니다.

2021.10.31.

크리스마스 파티를 기다리며 오늘도 아이들은 열심히 첼로 앙상블을 연습했습니다. (하윤, 인호, 찬호) 서로의 소리에 귀 기울이며 어우러지는 따뜻하고 행복한 시간으로 차곡차곡 쌓여 갈 소망합니다.

2021.12.07.

아 기다리고 기다리던!!!!!
우리끼리 크리스마스 파티.
먹고, 만들고, 노래하고, 춤추고……
잘 놀았습니다.
올해도 건강하게 수고한 우리 모두에게
메리 크리스마스.

2021.12.11.

Foothills Park

아이 한 명을 키우기 위해서 한 마을이 움직여야 한다고 했던가. 역시 우리 가족끼리보다 세 가족이 모이니 좋고, 시블링이 함께하니 더 좋다. 찬호 누나 채린이가 있으니, 하윤이 오빠 기석이가 한국에서 오고, 동부 사는 인호 사촌도 함께하면 얼마나 좋을까 하는 욕심이 난다. 세 아이는 물론이고, 비장애 형제들도 함께일 때 서로에게 많이 의지되겠구나 싶다.

2022.06.19.

우리들의 크리스마스.
다음 주 파이널을 앞두고 이 동네 모든 하이스쿨러들이 시험공부에 마지막 피치를 올리는 주말, 이분들은(하윤, 인호, 해나) 크리스마스 파티를 하느라 이 밤을 하얗게 불태웠다.
음… 썩 나쁘지 않은 인생이다. 긍정의 힘으로 오늘도 해피.

2023.12.16.

심플하게 즐겁게, 2024!

아이들의 플데를 위해 모이지만, 늘 엄마들이 더 신나게 논다. 아이들은 각자 자기만의 시간을 보내는 것 같아도, 서로에게 영향을 주고받으면서 무언가를 배운다. 그렇게 아이들은 또 자란다.

18세 아이들도 성장하고, 50세 엄마들도 성장한다. 만남이 얼마나 귀한지 매번 깨닫는다.

자폐 아이들은 다른 사람에게 전혀 관심이 없고 자기 세상에만 갇혀 산다는 건 편견이다. 이 아이들은 뒤통수에 달린 숨은 눈을 통해 모두를 보고 있다. 그리고 모든 것을 기억한다. 상호작용이 서툴지만, 각자의 방식으로 모두와 관계를 맺는다. 이것 또한 소통이다.

2024.01.05.

자폐성 장애는 영어로는 Autism Spectrum Disorder라고 한다. 정말 다양한 스펙트럼으로 존재하기 때문에 내 아이와 비슷한 캐릭터의 친구를 만나기는 하늘의 별 따기이다. 그런데 나는 이곳에서 그 별을 땄지 뭐야. 음악과 미술을 사랑하는 이 청소년 예술가들을 바라보고 있으면 웃음이 난다. 마냥 좋다.

2024.02.11.

결이 같은 친구를 만난다는 건 큰 행운이다. 함께 그림을 그리고, 함께 첼로를 연주하고, 아니면 피아노 연주로 친구의 그림에 배경을 만들어 주는 것도 좋다. 누가 시키지 않더라도 자연스럽게 서로에게 맞춰진다. 무엇을 하든 서로에게 힘이 되고, 자극이 되고, 그 시너지가 멋진 합을 만들어 낸다. 이 귀한 인연이 오래 묵어서 우리가 하려고 하는 모든 것들을 하나하나 다 이루고, 또 새로운 계획들을 세워 볼 수 있기를 소망한다. 그리고 지금보다 더 멋져질 이 두 아이의 10년 후를 상상해 본다. 알.흠.답.따.

2024.03.04.

2018년 1월 한국을 떠나면서, 그곳에 두고 오는 많은 인연들에 아쉬워했다. 무엇보다 하윤이의 친구들에 대한 그리움은 정말 컸다. 그해 여름방학에 친구 다영이가 놀러와 줘서 행복한 시간을 함께 보내기도 했지만, 다영이와의 추억은 혼자 남은 외로움을 더욱 배가시켰다. 더군다나 긴 코로나로 모든 관계의 끈은 남아 있지 않았다. 자폐성 장애 하윤이가 혼자만의 세상에 사느라 주변에 무심할 거라는 편견이 있지만, 그렇지 않다. 하윤이는 늘 사람을 그리워하고 사람들 안에 머무르고 싶어 한다.

참 인연이란 게 놀랍다. 하윤이가 외로운 미들스쿨을 지나고, 하이스쿨도 코로나로 온라인 수업만 하던 중, 인스타 디엠으로 쪽지가 하나 날아왔다. 산호세 지역에 살았던 경험이 있는데, 자폐성 장애를 가진 본인의 아이도 하윤이와 나이도 비슷하고 그림을 좋아하고 첼로와 음악을 좋아한다고. 그래서 하윤이의 일상을 인스타를 통해 잘 보고 있다고.

그 후로 우리는 서로의 사는 이야기를 나누는 사이가 되었다. 그러던 어느 날, 인호 아빠의 직장 일로 산호세로 다시 온다는 소식을 들었다. 나는 우리가 살고 있는 동네와 하윤이가 다니고 있는 학교를 적극 홍보했고, 인호네는 한 동네 주민이 되었다.

하윤이와 인호는 둘도 없는 단짝이 되었다. 순둥순둥한 두 아이는 함께 걷고, 함께 먹고, 함께 그림 그리고, 함께 첼로를 하면서, 학교에서건 학교 밖에서건 서로에게 든든한 동행이 되어 주고 있다. 할로윈을 기다리며 잭 오 랜턴을 함께 만들고, 함께 연습한 첼로 앙상블과 노래로 우리만의 크리스마스를 즐기기도 했다. 그리고 이제는 하윤이와 인호보다 먼저 학교를 졸업하고 성인이 된 찬호도 있고, 새롭게 하이스쿨에 조인한 해나까지 우리의 친구들이 하나둘 늘어났다.

역시 하나보다 둘이고, 둘보다 셋이고, 많아질수록 우리의 즐거움을 커진다. 아이들은 만나면 늘 그림을 그리고, 피아노를 연주하고, 음악을 듣고, 춤을 춘다. 모르는 사람들이 보면, 한 공간이지만 모두 각자의 시간만 보낸다고 생각할지도 모른다. 하지만 이 아이들은 자기 작업을 하면서도 자기 시야에 친구의 공간을 늘 담고 있다. 각자의 방식으로 템포를 맞추고 어우러질 줄 안다. 그것이 그들만의 소통이고 어울림이다. 어디서 어떻게 이런 인연들이 왔을까 신기하기도 하고, 앞으로 이들이 함께 만들어 갈 미래의 시간도 벌써부터 기대된다.

멈추어 고민해도 답이 없음을 알기에

Inho's House
Acrylic, 45.5×53cm, 2024

유럽 투어

하윤이는 Saratoga High School Orchestra의 첼리스트로 몸담고 있다. 학교 뮤직팀의 가장 큰 행사는 2~3년에 한 번 참여하는 유럽의 뮤직 페스티벌 공연이다. 2021년 여름이었을 일정은 코로나 때문에 2022년 여름으로 미뤄졌으나, 코로나의 위험으로부터 완전히 벗어나지 않은 상황이라 여러 가지 어려움이 많았던 투어였다.

하윤이의 투어 참석에 대해 고민과 걱정이 많았지만, 나는 투어의 샤프롱으로 동행하기로 했다. 투어에 함께하지 않았더라면 절대 알지 못했을 귀한 경험을 했고, 하윤이와 내가 한 단계 성장하는 시간이었다. 실패에 대한 두려움으로 아무것도 하지 않는 것보다, 일단 부딪치고 넘어지더라도 해 봄으로써 얻은 것은 '용기'였다. 성공하느냐 못 하느냐보다 더 중요한 새로운 것에 도전하는 그 용기를 얻었다.

7월 유럽 투어를 위해 오케스트라 연습이 시작됐다. 첫 연습이지만, 100여 명의 아이들이 만들어 내는 연주에 내 귀는 그저 좋기만 하단다. 그곳에 의자 하나를 차지하고 앉은 하윤이를 보는 내내, 나는 왜 이렇게 마음이 뭉클한 거니. 평소 불안이 몹시 높은 이 아이는 음악 속에만 들어가면 너무나 평온하고 아름답다. 15일의 일정이 쉽지만은 않겠지만, 하이스쿨의 멋진 추억이 되도록 잘 준비해 보자꾸나.

2022.06.24.

오늘도 아침부터 종일 리허설에 매진 중이다. 이렇게 연습하고 나면 하윤이는 몇 시간을 침대에 멍하니 누워 있다. 집중하느라 너무 많은 에너지를 소진해서 방방방 망아지 캐릭터를 보여 줄 힘도 없는 듯하다.
오늘 저녁엔 맛있는 메뉴로 응원을 좀 해 줘야겠다.
기특한 하윤, 힘내!

2022.06.29.

유럽 투어 출발 전, 함께 가지 못하는 가족들과 친구들을 위해 공연 레퍼토리를 미리 들려주는 콘서트가 열렸다.
음알못 엄마의 눈에도 아직 부족한 구석이 많이 보였지만, 그래도 충분히 기특해, 기특해. 우리 건강하게 즐겁게 잘 다녀오자.
D-2. 그런데 가방은 여전히 안 쌌고, 마음은 떨리고, 아주 속 시끄러워 죽겠네.

2022.07.05.

- 오후 2시 학교 집합했다. (영어 한마디 제대로 못하는 내가 Chaperon 이름표를 달고, 한국말 전혀 못하는 Teenagers를 잘 케어할 수 있을까 걱정에 몇 달을 스트레스 받았다. 그러나 주사위는 이제 던져졌다.)
- 버스 타고 샌프란시스코 공항으로 이동했다.
- 공항에서 체크인하고 오후 8시 Swiss Air 보딩했다. (그룹 투어에서 우리의 가장 중요한 임무는 무조건 끊임없이, 동요 없이 기다리고 또 기다리기. 그러나 체크인은 정말 쉽지 않은 기다림이었다. 이러다 내 허리가 끊어지지 하면서. 웬걸, 체크인이 너무 늦어져서 비행기를 못 탄 학생도 있다니까 말 다했지. 다행히 다음 비행기 그룹에 조인해서 오긴 왔다. 하윤이와 함께 체크인을 했지만, 좌석 번호가 너무 멀다. 고맙게도 배려심 많은 친구가 하윤이 옆자리를 바꿔 줘서 딸과 나란히 앉았다.)
- 밤 10시 반이 되어서야 기내식을 먹었다. (점심 먹고 딱 10시간 만에 입에 곡기를 넣음. 나 당 떨어지면 몹시 예민해지는데, 인내심 테스트) 기다리는 동안 하윤이는 배고파서 화나고, 내 머리는 지끈지끈하고. 하지만 반전. 기내식 완전 맛있었다.
- 샌프란시스코 시각 7월 8일 아침 6시, 우리는 또 맛있는 아침 식사까지 하고, 1시간 30분 쯤 후에 스위스 취리히 공항에 도착했다. (7월 8일 오후 3시 반쯤. 시차 개념이 없어서 몸이 적응하려면 며칠 걸리겠다.)
* 총평: 넘 힘든 첫날. 하지만 스위스에어라인의 서비스가 너무 만족스러워서 나쁘지 않았던 날로 기억 변경한다.

2022.07.07.

- 스위스 취리히 공항에서 Austrian Air로 바꿔 타고 오스트리아 비엔나로 날아왔다.
- 6시에 취리히를 출발한 비행기는 7시 반쯤 비엔나에 도착했고, 우리는 짐을 찾아서 공항 바로 옆, 기차역에서 가볍게 저녁 식사를 해결하고 호텔로 이동할 예정이었다. 그러나....
- 7시 반부터 기다린 슈트 케이스를 나는 10시 반이 되어도 만나지 못했다. (슈트 케이스를 못 찾은 학생, 악기를 못 찾은 학생, 둘 다 못 찾은 학생까지 아주 집단 멘붕이었다.)
- 스위스에서 비행기를 타지 못한 우리의 가방들을 포기하고, 우리는 늦은 저녁을 먹기 위해 푸드 트럭이 가득 모인 시장 같은 곳으로 이동. 단 15분 만에 먹어야 하는데, 우리는 결국 오스트리아에 와서 반가운 한국 핫도그로 늦은 저녁을 해결했다.
- 호텔에 들어오니 밤 12시 반. 중요한 물건들이 들어 있는 내 짐 가방이 없어서 난감하다. 그래도 하나 찾아온 것이 하윤이 옷 가방이라서 얼마나 다행이던지. (자기 가방이 없어졌다고 하면, 하윤이는 아마 극도의 불안을 보이며 난리 났을 걸 안 봐도 이미 안다.) 아주 아까워하면서 자기 옷 한 벌을 빌려준다.
- 새벽 1시, 샤프롱의 임무 중 하나인 아이들 룸 체크를 하고 나서야 엉덩이 붙이고 앉았다. 휴~
- 손빨래하고, 씻고, 이제 자야지. 지금은 새벽 3시 반. (아침 7시에 일어날 수 있을까???)

* 총평: 오늘은... 음... 허리가 부서지게 힘든 날. 넘 배고픈 것도 잠시 그저 눕고만 싶었다. 그런데 시차 때문에 잠이 안 오는 걸 보니... 아마 내일도 고생 컨티뉴드.

2022.07.08.

Leopold Museum_Vienna, Austria

시차 때문에 어제 밤을 꼴딱 새웠다. 나도 하윤이도. 오늘은 아무것도 못 할 거라고 생각했는데, 기대이상으로 맛좋은 호텔 조식에 기분이 좋아져서 오전 자유 시간을 위해 나가기로 했다. 더군다나 비엔나에 오면 꼭 보고 싶은 구스타프 클림트와 에곤 실레의 작품을 소장한 Leopold Museum이 호텔에서 20분 워킹이면 된다니 이보다 더 기분 좋은 일이 있을까.

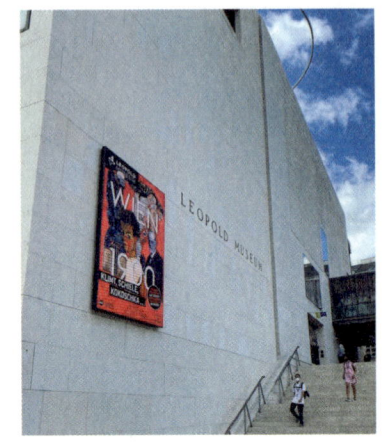

아침 바람 상쾌하게 고풍스런 비엔나 거리를 걸어 뮤지엄에 도착했다. 얼마나 마음이 쿵쾅거리던지ㅎㅎ 화면에서만 접했던 그림들을 직접 눈앞에서 보느라 침만 안 흘렸지 입이 아주 헤벌쭉했을 거다. 거기다가 덤으로 프란츠 하겐아우어 조각품들까지 만나서 완전 기분 업업업이다. 이거면 나의 비엔나는 충분하다.

St. Stephen's Cathedral

점심 후에 내일 공연을 위한 리허설을 했다. 비행기 타고 오느라 피곤한 악기들이 여기저기서 말썽이다. 그래도 어찌어찌 연습을 마치고 투어 가이드와 함께 비엔나 투어가 시작됐지만, 제대로 버스 바깥 풍경을 보거나 가이드의 설명에 귀 기울이는 학생은 단 한 명도 없었다. 전멸. 잠 속으로 빠져들지어다. 잠 속으로 빠져들지어다.

멈추어 고민해도 답이 없음을 알기에

슈테판 대성당
Acrylic, 71×56cm, 2022

절대 차에서 자는 법 없는 하윤이도 출발 5초 만에 기절 취침을 한다. 그리고 도착한 곳이 오스트리아 최고의 고딕식 성당인 슈테판 대성당이다. 외관을 올려다보는데 입이 떡 벌어진다. 안으로 들어가니 한참 미사가 진행 중이다. 하윤이와 함께 두 손을 모으고 경건한 미사에 한참을 귀 기울였다. 평화를 빕니다. 돌아 나오는 길에는 촛불 앞에서 우리의 안전한 투어를 위해 기도도 했다. 그 기도가 꼭 이루어지기를 진심으로 바란다.

- 어젯밤을 꼴딱 세운 하윤이는 오늘 저녁을 먹는 도중에도 눈꺼풀이 감긴다. 그러다 고개가 뒤로 까딱 식탁 앞에서 조는 모습을 애기 때 보고 처음 봤다. 시차 적응 쉽지 않구먼.
- 점심을 아주 부실하게 먹고, 투어 그룹 전체가 슈바인슈니첼(Schweinsschnitzel, 돈까스와 비슷한 듯 다르다)을 저녁으로 먹는데, 하윤이 입맛에는 영 아니올시다. 오늘 쫄쫄 굶은 하윤이는 좀 날씬해지려나ㅋ
- 바깥 일정을 도는데, 나의 핸폰 로밍이 먹통이다. 이러다 비엔나에서 미아가 되는 것은 아닌가 몹시 불안불안하여, 친구 옆에 꼭 붙어 다녔다.
- 결국 단체로 저녁을 먹은 후에, 세 명의 학생이 사라졌다. 겨우겨우 쌤들이 찾아오느라 고생하셨지. 그리고 늦은 밤까지 샤프롱의 역할에 대해 훈계를 들었네.

2022.07.09.

Vienna Central Cemetery

모차르트, 베토벤, 슈베르트 등 거장들이 잠든 이곳에, 먹구름과 스산한 바람이 불더니 비가 쏟아진다. 낮아진 하늘만큼 우리도 더욱 낮아져 묘지 앞에 고개가 숙여진다.

(*호텔에서 20여 분밖에 걸리지 않지만, 아이들은 출발과 동시에 기절한다. 시차 적응이 정말 쉽지 않네. 그리고 앞서간 천재 작곡가들보다 비를 피하는 일이 아이들에게 급 관심사가 되어 버린 오늘 오전 관광)

Votivkirche

보티프 성당의 주일미사에 SHS (Saratoga High School)/LHS (Lynbrook High School) Choir의 목소리가 울려 퍼졌다. 너무나 아름다운 성당을 가득 채운 천사들의 봉헌을 기쁘게 받으셨겠지요. 뜨끔한 마음이 성호경으로 조금은 정화되는 시간이었다.

Wiener Musikver

피아니스트 조성진이 공연을 했던 곳으로 유명한 비엔나 뮤직페라인 무대에 Saratoga High School Symphony Orchestra가 섰다. 피곤한 몸으로 리허설하고 또 기다리느라 더 피곤해졌을 텐데, 무대에 오른 아이들은 나의 걱정을 무색하게 너무나 감동적인 공연을 선보였다.

하윤이가 이렇게 큰 무대에 오르는 영광을 누릴 수 있다니, 가슴이 쿵쾅쿵쾅 요동을 치고 마음이 뭉클하여 눈물이 차올랐다. 이곳 관객들도 기립 박수와 "브라보!"를 외치며 캘리포니아의 십대들에게 열광했다. 유럽 투어에 대한 부담으로 올까 말까 아주 많이 망설였는데, 안 왔더라면 몰랐을 수만 가지 감정이 마구 쏟아져 나온다. 몸은 너무 피곤하지만, 지난밤의 그 울렁거림 때문에 오늘도 나는 새벽 3시가 넘어서도 잠 못 들고 있다.

2022.07.10.

Ljubljana, Slovenia

오늘도 아침 일찍 이동하는 일정이다. 6시간 버스를 타고 우리는 오스트리아 비엔나에서 슬로베니아 류블랴나로 내려왔다.

- 중간에 잠시 들른 휴게소에서 화장실을 가는데, 아뿔싸 동전이 있어야 한다는군. 말로만 들었던 유럽 화장실 문화를 직접 맞닥뜨리니 좀 당황스럽다. 1인당 0.50유로
- 오스트리아에서 슬로베니아로 넘어가는 국경은 긴장감 하나도 없고, 그저 우리에게 친숙한 시골 톨게이트 느낌. 그렇게 나라가 바뀌었다.
- 지난 목요일 샌프란시스코를 떠난 이후에 하루도 편안히 자지 못했다. 시차 적응이 필요했고, 빡빡한 일정에 예민해질 대로 예민해져서일 거다. 2시간 이상을 못잔 날들이 이어지다 보니, 슬로베니아 가는 버스에서 나는 완전 잠에 취했다. 6시간 동안 바깥 풍경을 전혀 기억 못 한다는.

얼른 호텔 가서 쉬고 싶다는 생각밖에 없어서, 슬로베니아에 도착하자마자 해야 하는 단체 관광이 달갑지 않았다. 그런데 류블랴나 시내에 한 발 내딛는 순간, 환호성이 저절로 나온다. 너무너무너무너무너무 이쁘잖아. 비엔나와는 또 다른 초록 자연과 강을 따라 이루어진 예쁜 카페 골목들이 우리를 걷게 한다. 아주 평화로운 동네구나. 내일 아침 자유 시간에 원 없이 걸어 봐야지.

St. Nicholas Church

성 니콜라스 대성당에서 SHS Choir 공연이 있는 날이다. 바로크 양식의 성당은 우리를 압도하기에 충분했고, Choir의 합창은 성당 돔 천장을 돌아 내려와 관객들의 귀에 아름답게 꽂힌다. 그런데, 또 자더라. 우리 아이들 어쩜 좋니.

2022.07.11.

Ljubljana, Slovenia

Hike to *Ljubljana Castle* for stunning views

벽돌 길을 따라 어느 골목으로 꺾여져도 화보 같은 풍경이 우리를 기다리고 있다. 초록 나뭇잎 향기를 따라 길을 오르니 멋진 캐슬이 있다. 그리고 류블랴나를 내려다보는 풍경이 역시 넘 화사하다. 영화 <드래곤 길들이기>가 이곳에서 힌트를 얻었을 거라 미루어 짐작하게 된다.

나는 슬로베니아를 꼭 한 번 다시 들르고 싶은 나라 리스트에 올려 두었다. 오래전에 읽었던 파울로 코엘료의 소설 《베로니카, 죽기로 결심하다》가 이곳을 배경으로 했다 하니, 집에 돌아가서 다시 꺼내 보아야겠다. 오늘 내가 걸었던 이 길들을 다시 떠올리는 행복한 책 읽기가 벌써 기대된다.

International Festival's Young Artist Program at Ljubljana Castle

오후가 되면서 날씨가 심상치가 않다. 야외 공연 일정인데 불안불안하여 자꾸 하늘을 올려다보게 된다.

4시 30분. 아뿔싸. 먹구름이 몰려오더니 비가 세차게 쏟아진다. 30여 분 만에 비가 그치고 악기 세팅을 다시해서 예정된 시간보다 1시간 늦게 리허설을 시작했다. 평상시에는 철없는 사춘기 소년들인데, 무대만 올라가면 아티스트의 면모를 제대로 발휘하는 이 아이들 넘 멋지다.

8시 30분. 해가 지고 화려한 조명 아래, SHS Symphonic Wind Ensemble의 공연이 먼저 무대에 올랐다. 여름밤을 가득 채운 밴드의 선율에 몸이 들썩들썩한다. 그러나 그것도 잠시 빗방울이 오락가락한다. 관객들이 살짝 동요하는 모습이었지만, 우리의 SWE(Symphonic Wind Ensemble)은 끝까지 잘 마쳤다. 이제 인터미션 동안 SHS Symphony Orchestra가 준비를 해야 하는데, 빗줄기가 굵어진다. 오늘 오후 동안 열심히 준비한 공연인데, 하지 못하게 될까 봐 또 악기가 비에 젖어 상하게 될까 봐 지켜보는 마음이 조마조마하다.

밤 10시 가까이, 어수선한 분위기에서 시작된 오케스트라 공연은 차츰 안정을 찾았고, 그 시간을 함께한 모든 이들이 음악에 빠져들었다. 후반으로 달려가면서 빗방울도 함께 속도를 낸다. 이런. 마지막까지 최선을 다한 오케스트라에게 박수를 아끼지 않게 되더라. 슬로베니아의 멋진 날을 선물해 줘서 넘 고마워. 아름다운 밤이었어.
공연 끝, 급하게 첼로를 정리하고 나니 비가 마구마구 쏟아진다. 휴~~~ 이런 경험, 저런 경험, 다양하게 해 보는 거지. 잘했어. 넘 잘했어.

2022.07.12.

Lake Bled_Bled, Slovenia

알프스산맥은 스위스와 오스트리아에서 슬로베니아까지 이어져서 율리안 알프스라고 불린다. 그리고 율리안 알프스에 의해서 마을 블레드가 생겼다.
블레드 호수에 대한 전설이 있다. 원래는 이곳이 목초지였는데, 풀을 뜯던 양들이 자꾸 예배당을 훼손하자, 신이 예배당 주변에 물을 채워서 양들이 접근하지 못하도록 만든 게 '블레드 호수'란다. 믿거나 말거나.

슬로베니아의 유일한 섬, 블레드 섬에 배를 타고 들어가는 게 오늘 여행의 핵심이었는데, 저녁 일정이 바뀌면서 멀리서 구경만 해야 했다. 아쉬움 너무 한가득. 대신에 하윤이와 호수 둘레길을 걸었다. 자전거를 타고 달리는 사람들, 호수에서 수영하는 사람들, 잔디밭에서 선탠을 하는 사람들, 플레트나의 뱃사공, 패들보드를 타는 사람들. 이 모든 풍경을 즐기기엔 걷기만 한 게 없다. 땀이 송글송글, 몸이 깨어나며 머리도 맑아진다. 하지만 미팅 타임의 제약으로 호수의 절반밖에 걷지 못하고 발길을 돌려야 했다. 산 위에서 호수를 내려다보는 풍경도 보지 못했다. 이렇게 우리는 이곳에 다시 와야 하는 이유를 하나둘 덧붙인다.

2022.07.13.

Schladming, Austria

슬로베니아를 떠나 오스트리아 슐라드밍으로 올라가는 길.

버스 창문 밖으로 초록 목초지와 나무, 그리고 아주 거대한 돌산이 아주 조화롭다. 산을 좋아해서 캘리포니아의 모든 국립공원을 섭렵한 경력자이지만, 이 멋진 풍경에 입을 다물 수가 없다. 3박 4일을 머무르게 될 슐라드밍에서는 어떤 추억을 만들까 궁리 좀 해 봐야겠다.

Mid-Europe Festival

오스트리아 슐라드밍에 오자마자 호텔에 가방만 넣고, 바로 공연을 하러 왔다. 연습 기간이 넘 짧아 걱정했는데, 첫 번째보다 두 번째가, 두 번째보다 오늘 세 번째 무대가 훨씬 좋다. 매번 성장하는 이 아이들 감동이야.
내일은 하루 종일 편안한 날!! 슐라드밍을 즐겨 보자구.

2022.07.13.

Schladming

이른 아침. 일주일을 쉴 틈 없이 달려온 하윤이는 좀 더 자게 하고, 나만 친구와 아침 산책을 다녀왔다. 알프스에서 불어오는 서늘한 바람을 내 온몸으로 들이마셨다. 달다 달다 너무 달다.
이 공기가 너무 맛있어서 함께 못 온 남편에게 1리터만 담아다 주고 싶은 마음이 들 만큼. 내가 알프스에 서 있다니 가슴 벅차다.

2022.07.14.

Dachstein glacier

알프스에서 두 번째로 높다는 다흐슈타인산. 그 꼭대기에 올랐다. 하이킹이었으면 완전 감동이었겠으나, 케이블카를 타고 3,000m에 도착. 어메이징. 날씨가 너무 좋지 않아, 기대했던 할슈타트 호수와 겹겹이 둘러싼 알프스산맥은 보지 못했지만, 한겨울을 느끼게 하는 바람과 만년설로 만들어 낸 얼음 동굴과 코앞도 보이지 않는 찐한 구름이 나의 선 위치를 피부로 느끼게 한다.

Schladming, Mid-Europe Festival

하윤이 컨디션이 며칠째 좋지 않다. 목이 까끌까끌 붓고, 코도 꽉 막혔다. 단체 투어라서 코비드 걱정이 한가득인지라 코비드 검사도 했다. 괜히 떨렸지만 음성.
섹션별 리허설에서 먼 산만 보고 있던 하윤이는 본무대는 나름 집중하느라 애쓰더라. 무대에 서는 즐거움을 아닌지, 끝나고 나서는 얼마간 방방방 살아났다.

2022.07.15.

체스키 크롬로프 인 체코

마을 전체가 유네스코 문화유산이라더니 역시나 그림 같더라. 하지만 너무 관광객이 많아서 발 디딜 틈이 없으니 내 정신도 집 나가려고 한다. 마음 같아서는 마을 구석구석 바쁘게 돌고 싶었으나, 정신 줄 놓칠까 싶어서 체스키 크룸로프 성에만 올랐다.

Prague, Czech Republic

드디어 체코 프라하에 입성! 오스트리아, 슬로베니아에서는 아주 안전해서 늦은 밤 외출도 자유로웠는데, 프라하는 어째 분위기가 만만치 않아 보인다. EU 가이드가 아주 디테일하게 조심하기를 당부한다. 가방은 앞으로 매고, 지갑을 보이지 않게 하고, 누가 질문을 하거나 말을 걸면 대답도 하지 말고 그냥 지나가라고. 주변을 조심조심 두리번거리며 평점 좋은 레스토랑을 찾았다. 앗, 이 차가움은 뭐지. 우리에게 눈길 주는 서버가 없고, 물어봐도 난 모른다는 식으로 그냥 지나가 버린다. 인종차별. 바로 이거구나. 그럼에도 우리는 굳이 자리를 차지하고 앉았다. 이곳에 오면 꼭 먹어야 한다는 굴라쉬. 음.... 장조림 고기를 하이라이스 소스에 적셔 놓은 느낌이랄까. 이 음식을 처음 먹는 하윤이가 접시를 싸악 비운 걸 보면 나름 괜찮은 맛인 걸로. 그리고 가격도 아주 착해서, 아까 맘 상한 건 일단 접어서 넣는다. 내일부터 마음 단단히 먹고 체코를 둘러보아야겠다.

2022.07.16.

어제 오후부터 컨디션이 좋지 않더니, 오늘 아침은 아플 것 같은 안 좋은 느낌이었다. 프라하 올드타운 투어를 시작했는데, 아무 말도 귀에 들리지 않았다. 공기가 너무 텁텁했고 끈적하게 무더운 날씨가 온몸을 짓눌렀다. 그럼에도 사진은 계속 찍었더라. 설명을 제대로 못 들어서 이곳이 어딘지 역사적 의미는 무엇인지 아무것도 모른다는 함정ㅋ

Municipal House, Smetana Hall

역시 안 좋은 예감은 빗겨 나가는 적이 없다. 허리가 아파 오기 시작했다. 오케스트라 리허설을 끝내고 저녁을 먹으러 갔는데, 허리 통증이 심해져서 온몸을 비틀어 짜더니 토할 것만 같고 식은땀이 난다. 하윤이를 일행에게 부탁하고, 나는 거의 기다시피해서 공연장 대기실로 돌아왔다. 의자 몇 개를 붙이고 누웠는데, 어떤 자세로 해도 아픈 건 가시지가 않는다.

저녁을 먹고 난 아이들이 하나둘 대기실로 들어오는 소리가 들린다. 그래도 나는 대자로 뻗어서 눈을 뜰 수도 없다. 너무 아파서 눈물만 줄줄줄. 집 떠나와 이 무슨 고생인가 싶고.

이 와중에 감사한 점을 찾는다면, 오스트리아에서 많이 아팠던 하윤이는 금방 회복이 되어 다행이지 싶다. 무대에 올라가는 하윤이보다 내가 아픈 게 낫지. (이번 투어에 아이들이 많이 아프다. 코비드 포지티브도 많이 나왔고, 힘들어서 코피를 쏟는 아이, 목이 심하게 부어서 관악기를 불 수 없는 아이까지 짠한 마음이다.)

나는 결국 하윤이의 오늘 공연을 보지 못했고, 내내 대기실 의자에 누워 있었다. 공연이 끝나고 내려오는 하윤이의 모습이 밝으니 충분히 좋은 날이다. (들리는 이야기로는 오늘 오케스트라 공연은 폭망했다는군. 무대에 못 올라간 아이들도 많고, 무대에 올라간 아이들도 컨디션이 영 별로라서.... 예상된 결과지.) 이제 이틀 후면 오케스트라의 마지막 공연이다. 마지막 에너지를 쥐어짜서 잘 마무리해 보자구.

2022.07.17.

오늘은 **독일 드레스덴**
.
.
.
을 가야 했지만, 나의 몸 상태가 좋지 않아 호텔에 종일 머물렀다. 덩달아 하윤이는 간만에 한가롭게 그림에 푹 빠졌다. 아이패드가 좋군. 간편하게 드로잉하고 채색까지 뚝딱.
체스키 크룸로프의 반짝이던 오렌지 지붕들이 다시 떠오르는구나.

2022.07.18.

Mucha Museum

비엔나에서는 클림트와 실레 그림을, 프라하에서는 무하의 작품들을 꼭 보고 싶었다. 어머낫, 오늘 오케스트라 공연장 바로 옆에 무하 뮤지엄이라니. 그렇다면... 짧은 점심시간을 포기하고 바로 달려가는 거지.

사진으로만 보다가 실물을 영접할 때의 그 짜릿함이 온몸에 찌릿찌릿. 이 시간 이곳에 있음에 감사하게 된다. 인생에 기회는 세 번 오고, 준비한 자는 그 기회에 운명처럼 삶이 바뀐다는 걸 수도 없이 들어서 안다. 그것을 증명한 사람, 알폰스 무하.

무하가 그린 배우 사라 베르나르의 연극 포스터가 온 도시 벽에 도배되었을 때, 거리는 멋진 전시장으로 탈바꿈되었겠지. 마구 상상이 된다. 얼마나 아름다운 풍경이었을까. 무하는 포스터, 광고판, 책 표지 등 그림이 필요한 곳이면 무엇이든 했고, 액세서리, 의상, 다양한 조형물 디자인까지 아이디어가 넘치는 천재였고, 나치에 대항한 민족주의 예술가였다.

이렇게 멋진 작가의 작품들을 볼 수 있어서 너무나 영광이었습니다.

WASEBE Conference Prague

프라하 올드타운에 위치한 발렌슈타인 정원에서 이번 유럽 투어의 마지막 공연이 올랐다. 뜨거운 프라하의 태양에 어울리게 야외 공연 음악들이 활기차다. 고개도 까딱까딱, 어깨도 흔들흔들. 연주하는 무대도, 음악을 듣는 객석도 모두에게 음악은 행복이 된다.

이제 이틀 후면 집에 돌아가는 비행기를 탄다. 긴 비행시간을 현재 내 몸 컨디션이 잘 버텨 줄까 염려되어, 오늘 저녁 프라하 카를교 선셋을 포기하고 일찍 방에 들어와 쉬기로 했다. 까만 밤이 될 때까지 잠만 쿨쿨 자는 엄마 옆에서 하윤이는 또 열그림하셨네.
그림은 유럽 투어의 큰 꿈을 안고 처음 걸었던 오스트리아 비엔나의 어느 골목길. 벌써 오래전인 듯 아스라하다.

2022.07.19.

섭씨 40도 가까운 아주 습하고 더운 날, 우리는 프라하의 땡볕을 온몸으로 맞으며 거리를 걸었다. 소매치기가 많으니 조심해라, 누가 말을 걸어도 대답하지 마라 등 여러 조언들 덕분에 잔뜩 움츠러들었던 우리의 어깨는 적당히 자연스러워졌다. 여기도 다 똑같은 사람 사는 데지 뭐ㅋ 하지만 글쎄 또 오고 싶은 나라 리스트에 체코는 없다.

오케스트라는 이미 공연 일정을 마쳤지만, 밴드의 공연을 보러 **슬라보니아 섬의 조핀 궁전**으로 모두가 모였다. *WASBE Conference*는 2년마다 열리는 세계적인 악기 앙상블 회의 겸 축제이다. 이 무대에 당당히 선 Saratoga Symphony Wind Ensemble 너무너무 멋졌다.
SWE의 "MARCH" 공연.
체코 프라하에 울려 퍼지는 애국가의 선율이다. 들을 때마다 가슴이 벅차오르는 건 아마도 내 몸에 흐르는 대한민국 때문이겠지. Thanks, SWE.

늦은 밤, 광란의 댄스파티

이 순간을 위해 15일을 달려왔나 보다. 즐겨 즐겨 신나게 즐겨. 이 멋진 아이들과 훌륭한 SHS 뮤직팀, 그리고 뒤에서 묵묵히 힘든 서포트를 다 해낸 스텝과 샤프롱. 모두에게 축하의 박수를 보낸다. 그리고 누구보다도 고마운 인호에게 스페셜 땡스. 덕분에 외롭지 않고 즐거운 유럽 투어였어. 고마워.

2022.07.20.

어젯밤 파티가 끝나 갈 무렵, 듣지 말았어야 할 소식을 들었다. 오늘 우리가 탈 예정인 비행기가 캔슬됐다는. 설마. 밤 12시 호텔로 돌아와 우리는 잠깐 눈 붙일 새도 없이 짐을 쌌다. 새벽 2시 반, 로비에 모여 공항으로 출발. 이제 비행기 안에서 잠만 자면 될 줄 알았다. 나의 몹쓸 헛꿈이어라. 비행기 캔슬은 사실이었고, 가이드 측에서는 120여 명의 1차 출발팀이 와서 압박하는 분위기로 레디하면 항공사 측에서 예비 비행기라도 띄워 줄 줄 알았나 보다. 그러나 현실은…….

공항 의자에 찌그러져서 불편하게 쪽잠을 잔 아이들은 겨우겨우 힘들게 붙잡아 둔 멘털을 놓치고 탈진 상태가 됐다. 나 또한 걱정에 한숨도 못 자고 날이 밝아 오니 머리가 어질어질 토할 거 같은 지경이다. 모두가 너무 힘들지만, 투덜거린다고 빨리 해결될 일이 아님을 알기에 모두들 마지막 에너지까지 짜내어 기다린다.

그렇게 아침이 오니, 호텔에서 잘 자고 온 2차 팀이 공항에 도착했고 여유롭게 체크인을 하고 비행기를 타러 간다. 우리는 잠도 못 자고 먹지도 못하고 여기서 뭐 하는 건가 싶으니 넘 속상하더라. 집에 가는 그 친구들이 얼마나 부럽던지.

결국 공항에서 대기한 지 7시간 만에 섭외된 다른 호텔로 들어왔다. 그리고 우리를 한꺼번에 태워 줄 비행기는 현재 찾기 어렵고, 급한 사람 먼저 소그룹으로 묶어 조금씩 태워 보낼 거란다.
내일 비행기를 탈 수 있을지, 모레가 될지, 글피가 될지 되어 봐야 안다는군. 에라, 모르겠다. 일단 한 숨 자자. 나를 기다리는 그대들, 열심히 기도해 주세요. 집에 가게 해 주세요.

어제가 마지막 프라하라고 생각했더랬지. 그런데 오늘도 프라하. 우리 제발 내일은 헤어지자. 굿 나잇, 프라하.

2022.07.21.

카를교에서 iPad Drawing, 2022

멈추어 고민해도 답이 없음을 알기에

Prague, Czech Republic

프라하에서의 시간을 받아들이기로 했다. 마음먹기에 따라 그 컬러는 달라질 수 있으니. 평소의 우리처럼 초록 숲을 찾아 보기로 했다. 무더운 프라하 날씨 덕에 걷는 길이 쉽지 않았지만, **비셰흐라드 공원**에 올라 프라하 시내를 내려보며
청량한 바람을 마시는 들숨은 제대로 시원하다. 성 베드로와 바오로 성당의 종소리는 어찌나 달콤하고, 알폰소 무하가 잠들어 있는 비셰흐라드 묘지는 또 얼마나 고요하고 아늑하던지.
어제까지 프라하 이미지는 완전 별로였는데.... 갑자기 막 좋아지려고 하네.

조핀 궁전에서 열리고 있는 WASBE conference에 한국팀 공연도 있다고 해서 반가운 마음에 달려갔다.
Korean Wind Orchestra. 한국적 정서가 가득 묻어 있는 곡들을 들으며 그간의 피로가 깨끗이 씻겨 나가는 기분이었다. 태평소로 대동단결한 마지막 곡은 정말 언빌리버블. 우리나라, 우리 소리가 세계에 우뚝 선 이 느낌에 나도 모르게 눈물이 주르륵. 노란 머리 이 사람들이 기립 박수와 브라보로 화답을 해 주더라는. 그리고 저녁 선상 파티.
이곳에 남은 우리에게 아름다운 밤을 선사한 프라하.

2022.07.22.

스톰이 온다는 예보가 있더니 바람도 세차고 비도 간간이 내린다. 챙겨 온 약도 바닥을 드러내고, 처방전을 써 줄 수 있는 닥터가 쉬는 토요일. 다시금 두통이 찾아왔다. 8월 전에는 돌아갈 수 있을 거라는 항공사 답변에 머리가 지끈거린다. NBC 뉴스 덕분에 우리는 유명 인사가 되어, 지인들의 걱정 문자들이 날아온다. 괜히 서글퍼지고. 잠이라도 자 보련다.

그렇게 오늘 하루도 끝나는구나 하던 찰라. 감동의 소식이 왔다. 항공사에서 우리에게 전세기를 내어준단다. 이야호. 우리는 내일(일) 독일 프랑크푸르트로 가서 하루를 자고, 모레(월) 미국 샌프란시스코로 돌아간다.

항상 여행의 끝은 아쉬웠다. 이틀만 아니 하루만 더 머무르고 싶다 했었는데, 이번처럼 집이 그리웠던 적이 없다. 하지만 곧 우리는 이 시간을 즐거웠다 추억할 수 있겠지.

프라하의 의미 있는 마지막 밤을 위해 소소하게 자리를 만들었다. 아이들 몇 명이 모여 작은 곡을 연주해 보기로. 패킹해 놓은 첼로를 급하게 풀고, 악보를 즉흥적으로 구해서, 함께 소리를 맞춘다. 연습을 하지 못해 퀄리티는 떨어지지만, 그래도 이날을 기억하기에는 충분하다. 우리는 프라하를 기억할 겁니다. 이 아름다운 밤을.

2022.07.23.

Rothenburg ob der Tauber, Germany

드디어 체코 프라하를 떠나 독일 프랑크푸르트로 향한다. 그 가는 길 중간에 로텐부르크에 들렀다. 중세시대에는 독일에서 두 번째로 큰 마을 있었다는 이곳은, 정말 아름다운 동화 속 같은 모습을 하고 있다. 마을 전체를 둘러싼 성곽을 따라 걸으면서 마을 풍경을 내려다보는 재미도 좋고, 끝없는 사다리를 올라 탑 꼭대기에 도착해 보니 하윤이가 사랑하는 라푼젤이 살았을 법한 작은 방이 하나 있다. 라푼젤은 창문으로 마을을 내려다보며 나를 구하러 올 왕자님을 기다렸을라나ㅋ 마을 골목길에는 초록 담쟁이 벽과 노랗고 빨간 꽃들이 아주 조화롭다. 걷는 그 시간들이 너무 황홀하여 뜨거운 한낮의 후끈함은 잠시 잊었다.

오늘 밤 우리는 프랑크푸르트. 내일 밤은 사라토가 우리 집.

2022.07.24.

루텐부르크

Acrylic, 71×56cm, 2022

Frankfurt Airport

무사 귀환.

NBC 뉴스 덕분에 우리는 유명 인사가 되었고, 샌프란시스코 공항은 물론 학교까지 취재진 가득했다ㅋ 끝이 좋으면 다 좋은 걸로ㅎ 프라하에 발이 묶이면서, 몸이 좋지 않아 제대로 걸어 보지 못한 프라하를 원 없이 걸었고, 독일 드레스덴 일정에 함께하지 못해 아쉬운 걸 독일 로텐부르크로 대신했고, 프랑크푸르트 힐튼 호텔의 밤도 아름다웠고, 내 생에 전세기라는 걸 타 봤네. 그 또한 꿈같은 시간.

저희는 무사히 돌아왔습니다. 집에 오니 좋네요.

2022.07.25.

시작부터 순탄치 않았다. 나의 짧은 영어로, 처음 가 보는 유럽 땅에서, 어디로 튈지 모르는 틴에이저들을 책임진다는 게 몹시 부담이었다. 우리 그룹의 아이들은 감사하게도 잘 따라 주었지만, 다른 그룹에서는 체크인이 늦어져서 비행기를 타지 못하는 아이들까지 발생했다. 마지막 종착지 오스트리아 비엔나에서는 가방과 악기들이 사라져서 곤란하기도 했다.

시차 적응과 코로나의 피로감은 유럽 투어 내내 가장 힘들었던 걸림돌이었다. 아이들은 등 닿을 수 있는 곳이면 공항 바닥이건, 공원 나무 밑이건, 잠깐 이동하는 차 안이건 무조건 기절 취침을 했다. 그리고 몸이 힘들어서 코피를 쏟거나, 목이 심하게 부어서 관악기를 전혀 불 수 없거나, 코로나 양성으로 호텔의 작은 방에 격리되어 힘든 시간을 보내는 아이들도 많았다. 하윤이도 오스트리아 슐레드밍에서 며칠 고열로 고생했고, 하윤이가 컨디션을 회복하자마자 그다음 순서로 내가 앓아누웠다. 하윤이는 그 아름다운 오스트리아 알프스에 대한 기억이 없고, 나는 체코 프라하를 제대로 경험하지 못했다.

모두에게 쉽지 않은 일정이었지만, 서로를 격려하며 15일간의 일정을 잘 마무리하고 집으로 돌아간다고 생각한 그날, 가장 큰 사건이 터졌다. 전체 세 그룹 중에서 우리가 속한 첫 번째 그룹의 돌아가는 비행기가 캔슬되었고, 100명이 넘는 인원이 프라하에 발이 묶였다. 그 무렵 유럽의 비행기가 캔슬되는 것은 흔한 일이었지만, 막상 우리의 일로 맞닥뜨리니 혼란 그 자체였다.

하지만 지나고 생각해 보니, 그때의 나에게는 아주 좋은 기회였다. 그동안 아파서 제대로 프라하를 둘러볼 여유가 없었는데 비행기 캔슬 덕분에 우리는 제대로 프라하 관광객이 되었다. 하윤이와 함께 비셰흐라드 공원에 올라 프라하를 제대로 내려다보았고, 드라마 〈프라하의 연인〉 속 카를교를 몇 번이고 건넜고, 프라하 야경이 너무도 아름답다는 걸 선상 파티에서 알게 됐다. 정해진 일정으로 돌아가는 비행기를 탔더라면, 아파서 호텔에만 있었던 나는 프라하를 잿빛으로만 기억할 텐데, 덤으로 주어졌던 3일로 프라하는 매력적인 도시로 변신했다.

학교 선생님들은 매일 항공사와 미팅을 했고, 학생들의 안전을 걱정하는 캘리포니아 주정부의 압력으로 결국 항공사는 전세기를 내주었다. (강한 나라 미국의 힘을 다시 한번 느끼는 순간이었다.) 2022년 여름 20일이 넘는 그 시간 동안 몸과 마음이 너무도 힘들었다. 체력적으로도 힘들었고, 심리적으로도 부담이 아주 많았다. 하지만 그 순간순간에 내가 할 수 있는 것에만 집중하자 하니, 결국 우리는 해냈더라. 앞으로도 나는 새로운 도전 앞에서 망설이고 머뭇거릴 것이다. 실패할 이유를 수백 가지 만들고 있을 것이다. 그럼에도 불구하고 그해 여름 우리의 경험 덕분에 나는 용기를 낼 것이고, 당당하게 넘어질 것이다.

나는, 하윤이가 SHS 오케스트라의 일원으로 오스트리아 비엔나의 무지크페라인 무대에 섰을 때, 그 감동을 평생 잊지 못할 것이다. 공연 내내 나는 두 손에 땀이 흥건했다. 어떻게 그 시간이 흘렀는지 모른다. 그리고 마지막 인사를 위해 무대에 선 하윤이는 유럽의 우레와 같은 박수를 받으면 행복한 웃음을 짓고 있었다. 나는 쏟아지는 눈물로 하윤이의 얼굴을 제대로 볼 수 조차 없었다. 그날 밤의 뭉클함은 오래도록 우리의 도전에 넘치는 마중물이 되어 줄 것이다.

New York New York

우리는 두 번 뉴욕을 방문했다.

2019년은 남편과 함께. 그리고 2023년은 하윤이와 단둘이.

San Francisco to New York

I appreciate you, Audrey.

I could endure a long flight thanks to you.

첫 번째 뉴욕 여행에 얼마나 마음이 설렜는지 모른다. 영화 속에서 만난 오드리 햅번에게까지 반갑게 인사를 했다.

2019.06.07.

뉴욕에 오면 하고 싶은 리스트들을 하나씩 해치웠다.

* *Time Square* in New York City
* *MOMA* "I love MOMA"
* *Central Park*

올림픽공원보다 더 크고, 더 사람 많고, 더 시끄럽고 정신없다.
한적하고 서늘한 우리 동네 공원을 무지 걷고 싶어진다ㅎ

* *<The Lion King> at Minskoff Theater*

영어 1도 못 알아들어도 넘나 황홀한 뮤지컬.
영어 공부 열심히 하고 싶게 나를 자극하는구만ㅋ

* 밤 11시에도 Time Square는 발 디딜 틈 하나 없다. 모두 함께 소리 질러!

2019.06.08.

Manhattan

서울의 지하철 1호선보다 더더더 낡은 거 같다. 코를 찌르는 악취와 음침한 조명, 그런데 서울보다 비싼 요금. 하지만 지상의 교통체증보다는 참을 만하다. 장점을 찾자면, 지하철역에서 자연사박물관으로 들어가는 별도의 입구가 있어서 쉽게 입장할 수 있었다.

American Museum of Natural History

너무나 방대한 정보가 오히려 나의 호기심을 좌절시켰다. 공룡 말고는 아무것도 기억나지 않는다. 그리고 여기저기 뛰어다니며 울어 대는 베이비들의 높은 데시벨이 우리를 급하게 밖으로 내몰았다. 탈출하고 나서야 숨이 쉬어진다. 그리고 하늘이 눈에 들어왔다.

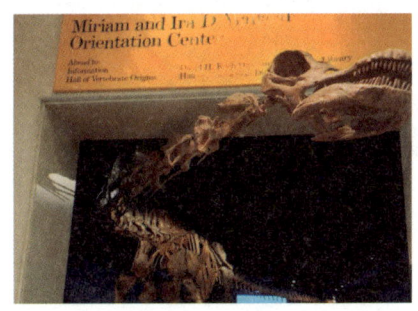

Central Park

어제와 다른 루트로 센트럴파크를 걸었다. 조금 한적한 길을 걸으면서, 호수와 하늘과 뉴욕의 마천루들이 어우러진 묘한 조합에 내 마음도 살랑거린다. 인공의 자연보다는 리얼 자연이 역시 더 큰 감동을 주는 법이다. 아름답더라.

Top of the Rock Observation Deck

<시애틀의 잠 못 이루는 밤>을 본 이후로 엠파이어 스테이트 빌딩은 꿈에라도 한번 꼭 보고 싶은 곳이었다. 정작 엠파이어 스테이트 빌딩을 올라서는 볼 수 없는 그 전경을 록펠러 센터의 탑오브더락 전망대에서 마주했다. 시간을 거슬러 순수하고 꿈 많던 내가 떠올라 마음이 얼마나 뭉클하던지. 밤을 세워서라도 오래오래 보고 싶었으나, 재촉하는 눈총에 뒤통수가 따가워 1시간밖에 머무르지 못했다.

2019.06.09.

이번 여행이 뉴욕인 이유(?) 중 하나는 친구.
초등학교 시절 단짝이었고 고등학교 때 다시 만났지만 20대와 30대를 공유하지 못했다. 그래도 참 인연이다 싶은 게, 25년의 공백을 훌쩍 넘어 이곳 뉴욕에서 다시 만났다. 성인이 다 된 아들을 둔 엄마와 이제 막 세상에 온 베이비의 엄마로 말이다. 어색함은 하나도 없고, 천사 같은 지아나 덕분에 영한 삶을 살고 있는 친구와의 시간이 나에게 휴식이었다. 곧 다시 볼 수 있기를.

The Statue of Liberty national Monument

자유의 여신상을 보지 않고는 뉴욕에 다녀갔다고 할 수 없겠지. 제일 궁금한 것은 마지막 하이라이트로 기다렸다가 보고 싶은 법인지라 마지막 날 일정으로 미뤄 뒀다. 그런데 하늘도 무심하시지... 오늘은 종일 비가 온다ㅠㅠ 내일은 다시 샌프란시스코로 돌아가야 해서, 어쩔 수 없이 저녁에 배에 올랐다. 석양에 물든 아름다운 자유의 여신상을 보는 상상을 수백 번 했건만, 현실은 안개 속에서 희미하게 형체만 짐작게 한다. 내가 이러려고 마지막 날까지 미뤘던가ㅠㅠ
오늘의 교훈! 넘 하고 싶은 건 무조건 제일 먼저 하자.

New York New York

Acrylic, 30.5×30.5cm, 2019

멈추어 고민해도 답이 없음을 알기에

The Metropolitan Museum of Art, New York

프랑스 루브르 박물관, 대영 박물관과 함께 세계 3대 박물관으로 꼽힌다는 뉴욕 메트로폴리탄 박물관. 너무나 영광이었습니다. 뉴욕에 한 달쯤 머물 수 있다면 매일 아침 출근 도장을 찍을 텐데, 비천한 체력으로 다 보지 못하고 돌아가야 하는 것이 송구할 따름입니다ㅠㅠ

- 너무나 애정하는 화가, 드가.

처음 접하는 드로잉이 많아서 너무나 감동했던 시간. 그 방에 오래도록 머무르면서 감탄사를 멈출 수가 없었다.

- 삶조차 고뇌였던 차원이 다른 예술가, 고흐.

그의 작품 앞에 서면 온몸에 전율이 흐른다. 나 또한 나의 인생을 돌아보게 된다.

- 클림트의 소녀 작품을 여기서 만나게 될 줄이야. 얼마나 반갑던지. 급하게 옛날 사진을 뒤적여 가며 찾았다. 오래전 하윤이가 그렸던 클림트의 소녀 모작을.

2019.06.10.

클림트의 〈소녀〉 모작 2016

〈고흐의 방〉 모작 2016

남편 없이 용감하게 하윤이와 단둘이 비행기를 탔다. 게이트에서 Disabled 하윤이를 배려해 비행기도 먼저 태워 주고, 가방도 프리로 실어 주어서 나름 기분 좋았다. 뉴욕에 스톰 예보가 있어서 비행기가 캔슬되거나 딜레이될 수도 있다고 했는데, 아침 7시 반(샌프란시스코 시간) 출발 예정인 비행기가 25분 정도 늦게 출발한 것쯤은 괜찮았다. 4시간 반쯤 지나고 이제 30분만 더 가면 도착이라, 내릴 준비를 하는데… 허걱. 비행기가 몇 번 기류에 무섭게 흔들리더니 워싱턴 공항으로 회항했다. 그리고 비행기 안에서 갇힌 채로 4시간을 기다렸나 보다. 하윤이의 인내심이 바닥을 칠 무렵, 결국엔 워싱턴 공항에 우리는 내렸고, 계속 출발 시간이 뒤로 미뤄지는 비행기를 끝도 없이 기다리는 중이다. (지금 워싱턴 공항은 밤9시. 샌프란시스코 시간으로는 밤 12시.)
우리 무사히 뉴욕 가게 해 주세요. 이것 또한 시간이 지나면 웃고 지나갈 해프닝으로 기억되겠지만, 지금 당장은 몹시 힘들다.

2023.06.26.

Washington Dulles International Airport

오 마이 갓!!!!! 워싱턴 공항으로 회항한 지 6시간 만에 결국은 뉴욕 가는 비행기가 취소됐다. 나는 완전 멘털 아웃에 폭풍 오열하고 싶었으나 나의 표정 하나에도 극도로 불안해지는 하윤이를 알기에, 아무렇지도 않은 척 자연스럽게 하려고 몇 번이고 깊은 호흡으로 마음을 가라앉혔다.

비행기에 맡긴 짐은 내려 주는지(핸드 캐리 하려고 작게 담은 가방을 프리로 맡아 준다는 직원 얘기에 홀딱 넘어갔던 나의 팔랑귀를 막고 싶었다), 내일 비행기는 어떻게 다시 예약해야 하는지(내일은 비행기가 뜰지 말지도 의심이 갔다), 또 그 밤은 어디서 보내야 하는지 오만가지 근심 걱정으로 머리가 빠개질 것 같았다. 평소에도 안 되는 영어가 긴급 상황이 되니 한 단어도 내 귀로 들어오지 않는다. 큰일 났다 싶었다. 순식간에 기다리던 사람들은 사라지고 없다. 다들 제 살길을 도모하러 간 게지. 우리는 어쩌나.

두 시간을 정신 못 차리고 헤매다가, 겨우 워싱턴 공항에서 마련한 버스를 타고 밤 12시에 뉴욕으로 출발했다. 4시간쯤 걸려 뉴욕 공항에 오니 숨이 좀 쉬어진다. 일단 최종 목적지에는 도착했으니까, 이제는 가방 찾는 일만 남았다. Baggage Claim을 위해 또 3시간을 줄을 서서 기다려야 했다. 그럼 소득이라도 있어야. 우리가 맡긴 가방이 현재 어느 공항에서 표류 중인지 파악이 안 된다고, 자기네가 찾아서 6일 이내로 보내 주겠다는 말뿐이다. 완전 좌절하고, 우리는 거지꼴로 친구 집으로 갈 수밖에.

그럼에도 불구하고 얻은 것은 있다. 우리 집에서 친구 집까지 26시간의 여정 동안 하윤이는 아주 잘 버텨 주었다. 자꾸 변동되는 스케줄도 꾹 참고, 없어지면 큰일 나는 가방 분실에도 최대한 잘 참으려고 노력하는 모습이다. 기특했어 하윤아. 아주아주 칭찬해.

2023.06.27.

오늘 우리의 뉴욕은.
Whitney Museum of American Art_에드워드 호퍼와 휘트니 뮤지엄

미국 뉴욕 현대 미술의 중심이라는 휘트니 뮤지엄에 내가 아는 작가는 없더라. 심지어 난해한 설치미술들을 보면서 이 난관을 어찌 헤쳐 나가야 하나 난감하기까지. 그런 와중에 Edward Hopper를 만났다. 얼마나 반갑던지.
지루함으로 몸을 비틀던 아이들 앞에 안내판 하나가 보인다.

"설치미술 작품에 재료로 얹어진 땅콩 캔디를
원하는 만큼 가져가라."

재미난 안내판과 넘치게 아름다운 테라스 밖 뉴욕 풍경 때문에, 그 어려움은 다 잊어 주기로 했다.

아주 오랜만에 버스 타고 지하철 타고 복잡한 도심을 걸었다. 쨍하게 뜨겁고 건조한 캘리포니아가 아닌 후덥지근한 뉴욕의 날씨. 산으로 물로만 다니는 우리 모녀의 시골 삶과 달리 빽빽하게 가득 찬 사람들과 높은 빌딩 숲의 도시 풍경. 아무래도 서울 가기 전, 예행연습을 제대로 하는 기분이다.

띠동갑 두 소녀는 오늘의 메인 일정인 The Morgan Library & Museum 과 Whitney Museum of American Art에는 그닥 관심 없고, 점심으로 먹은 덴푸라 우동에만 눈이 반짝거렸다. 내가 뭘 기대하겠니??? 사실 나도 뉴욕의 현대미술, 쫌 많이, 아니 아주 많이 어렵더라.

2023.06.28.

Philadelphia

드디어 은비를 만났다.
그동안 사진만 보고, 목소리만 들었는데... 막상 얼굴 보니, 어제 보고 오늘 본 듯 반갑고 편안하다. 하윤이를 보고 손 꼭 잡아 주는 은비도 이쁘고, 은비와 아이스크림을 먹겠다고 기꺼이 자기 지갑을 열어 주는 하윤이도 이쁘고, 이 이쁜 아이들의 만남은 감동이다. 하윤이 덕분에 이렇게 또 감사한 인연을 만들어 가니 이보다 더 기쁜 일이 어디 있을까.

2023.06.30.

Newark Liberty International Airport

이제 우리는 집으로 돌아갑니다.

남편 없이 하윤이와 단둘이 용감하게 처음 떠난 여행이었는데, 우여곡절이 참 많았네요.

목적지 뉴욕 공항이 아닌 워싱턴 공항에서 비행기가 멈추고, 가방은 잃어버리고, 국제 미아가 될 뻔 했으나 산호세 집을 떠난 지 28시간 만에 뉴저지 친구 집에 겨우겨우 도착했어요.

잃어버린 가방은 찾을 길이 없다가, 5일 만에 극적으로 돌아온 가방 하나가 하윤이 것이 아니라 하필 내 가방이라니 어쩜 좋습니까? 아주 사소한 물건이라도 자기 것에 대한 애착이 강한 하윤이는 선별하고 선별해서 이번 뉴욕 여행 가방에 차곡차곡 담았더랬죠. 아끼는 원피스, 테니스 스커트, 반바지, 티셔츠, 재킷, 후드집업, 수영복, 샌들, 모자, 지아나 선물과 그림까지, 그 가방이 돌아오지 않은 겁니다. 하윤이의 좌절과 불안과 슬픔이 얼마나 컸을지, 하윤이를 아는 사람이라면 누구든 짐작할 수 있을 겁니다. 엄마인 나 또한 이 상황에 멘붕이지만, 하윤이의 힘든 마음을 잘 다독이는 것이 더 먼저였지요.

너무나 기특하게도 하윤이는 그 시간을 잘 견뎌 주었고, 오늘 집에 돌아가면 내일 다시 쇼핑할 때까지 기다려 줄 겁니다. 또 겪고 싶은 일은 절대 아니지만, 이번 경험으로 하윤이는 또 한 번 성장하네요.

그리고 뉴욕 사는 부자 이모 덕분에 하윤이는 행복한 뉴욕의 시간을 보냈고, 나는 친구의 옷장을 털고 화장대를 털어와 버렸네요. 하윤이 언니 옆에서 초롱초롱 사랑스런 애교를 보여 준 지아나까지 눈물 나게 고마운 그 우정 어찌 갚을까요.

멀리 두 시간을 운전해서 뉴저지로 우리를 픽업 와서 다시 필라델피아로 두 시간, 그리고 1박 2일 동안 은비네 가족의 융숭한 대접을 받았어요. 하윤이에게 보내는 그 사랑의 마음 덕분에 하윤이는 새로운 가족을 선물 받았습니다.

기특하다 토닥여 주신 할머니, 자기 방을 기꺼이 내준 살가운 은솔이, 맛있는 고기 구워 주신 은비 아저씨, 하윤이에게 넘치는 조언과 응원을 주신 은비 그림 쌤 그리고 말할 필요도 없는 은비와 희정 이모까지 하윤이는 든든한 지원군들을 만났습니다. 그리고 강아지 무서워하는 하윤이 때문에 종일 줄에 묶여 있었던 밤비도 넘 고마웠어. 그리고 목요일 밤 아주 짧게 만난 소피아와 은정 이모도 반가웠어요. 우리가 그 마음 서로 알기에, 금방 마음이 애틋하고 따뜻해졌지요. 우리 각자의 자리에서 즐겁게 잘 지내다가 또 만나요. 아름다운 뉴욕으로 기억하게 해 주어서, 모두 고맙습니다.

2023.07.01.

첫 번째 뉴욕 여행의 목표는 '뉴욕의 랜드 마크를 모두 보고 오리라'였다면, 두 번째 여행의 목표는 '남편으로부터의 여행 독립'이었다. 하윤이와 나는 아주 호되게 여행 독립 신고식을 치렀다. 전형적인 관광객 모드로 랜드 마크에서 사진 찍기만 하고 온 첫 번째 여행보다는, 비행기가 중간에 캔슬되고 여행 가방까지 사라졌던 두 번째 여행의 스펙타클함은 평생 동안 잊지 못할 기억이다.

항상 남편만 의지하고 다니던 나는, 하윤이의 불안을 자극하지 않기 위해, 어떤 상황에서도 침착해야 했다. 그리고 하윤이는 내가 염려했던 것보다 너무나 의젓하게 불안한 상황을 잘 버텨 주었다. 지나고 나니 웃을 수 있기도 하지만, 하윤이와 내가 그 힘든 상황을 서로 의지하면서 잘 해결한 것이 얼마나 기특한지 모른다. 우리가 스스로를 가둬 두었던 그 한계를 넘어서는 순간이었던 것이다. 나는 하윤이의 성장을 확인했고, 나 또한 나 스스로를 가두고 있었던 두려움을 깨고 나왔다.

나는 즉흥적인 움직임을 전혀 하지 않는 전형적인 계획형이다. 늘 머릿속에 시뮬레이션만 돌리고 걱정거리가 하나둘 떠오르면 정작 행동으로 옮기는 것이 쉽지 않았다. 하지만 머릿속으로 생각만 하는 것은 아무 의미 없다. 일단 발을 떼어야 한다. 그 발걸음이 사뿐사뿐할지, 아니면 돌부리에 걸려 넘어지게 될지, 걷기 전에는 누구도 모른다. 사뿐하면 기분이 좋을 테고, 넘어지면 다시 일어나면 된다. 발을 떼지 않고 망설이기만 하던 나와는 이미 다른 지점에 와 있다. 걷지 않았다면 이런 곳이 있다는 걸 전혀 알 수 없었을 곳이다.

나는 하윤이를 키우면서, 하윤이가 가진 장애가 하윤이에게 늘 큰 걸림돌이라고 생각했다. 하윤이가 혼자서 할 수 있는 것은 없다고 생각했고, 늘 내가 먼저 나서서 하윤이가 만나게 될지도 모르는 어려움을 해결해 놓으려고 했다. 내가 느끼는 불안감이 늘 하윤이를 내 보호막 안에 가두어 두고 있었다. 이제는 나의 하윤이에 대한 불안한 마음을 사랑의 마음으로 바꾸려고 한다. 진정으로 내가 하윤이를 사랑한다면, 하윤이가 스스로 세상으로 나갈 수 있도록 기회를 주어야 한다고 생각한다. 직접 경험하게 하고, 부딪혀서 넘어지더라도 다시 일어설 때까지 기다려 주려고 한다.

올해 6월이면 하윤이는 고등학교를 졸업하고 성인이 된다. 지금이 딱 좋은 시기이다. 학교 울타리 안과 다르게 야생의 세상은 아이에게 호락호락하지 않을 것이다. 아이가 넘어지고 스스로 설 수 있도록 나는 뒤에서 큰 목소리로 응원만 보태려고 한다.

지난해 가을부터 하윤이는 학교의 Job Training Program으로 일주일에 한 번, 한 시간씩 Saratoga Library에서 일을 한다. 첫 번째 페이로 $62 Check를 확인하던 그날의 감동은 아직까지도 선명하다. 커뮤니케이션이 아직 서툴러서 Speech Session에서 묻고 답하는 연습을 더 해야겠지만, 이제는 1시간 동안 필요한 책을 50권 이상 찾아오고 또 정리하는 데도 능숙하다고 한다. 그리고 코치 선생님의 추천으로, 직업 훈련이 아니라, 라이브러리로 출근을 하게 될지도 모르겠다.

이렇게 하윤이는, 나의 염려를 넘어, 자기만의 속도로 자기만의 방식으로 커뮤니티 안으로 스며들어 가고 있었다. 지금 하윤이에게 필요한 것은 "너 아주 잘 하고 있어."라는 응원이면 충분하다.

하윤이는 그림으로 추억한다

하늘을 나는 발레리나 Acrylic, 30.2×40.6cm, 2018

하늘을 나는 발레리나

몇 시간을 앉아서 색을 만들고 만들어서 칠하고 칠하고 또 칠한다.
색다른 모습의 명상을 보는 듯하다.
그림 모르는 엄마는 옆에서 구경만 하는데도 시간이 훌쩍 흘러버린다.
그러고는 답답했던 머릿속이 맑고 상쾌해진다.
나는 그림 그리는 하윤이가 너무 좋다.

2018.01.23.

멈추어 고민해도 답이 없음을 알기에

하윤이의 세상 보는 눈이 참 재밌다.
다람쥐와 코알라가 함께 공존하는 **나무숲**이라니....
한 번도 생각해 본 적 없는데, 어색하지 않고 조화롭다. 나랑 어울릴 만한 사람, 내가 있어야만 할 자리, 나의 쓸데없는 외고집을 버릴 때, 비로소 나는 자유다.

2018.04.17.

오늘은 종일 으슬으슬 춥다.
날씨가 그런 건지 내 몸이 그런 건지 여하튼 춥다. 일찍 하교한 하윤이를 내버려둔 채 잠시 눕는다는 게 3시간을 훌쩍 넘긴 깊은 잠을 자 버렸다.
눈을 떠도 여전히 몽롱하지만, 하윤이 덕분에 웃게 된다.
엄마가 잠든 사이에 그녀는 **핑크 자전거**를 타고 어딘가로 달려가고 싶었나 보다. 거기가 어디일까 궁금하네.

2018.05.03.

하윤이가 밤새 그림 한 장을 그려 놓았다. **우리 가족** 한 명 한 명과 너무 닮아 있어서 깜놀하고, 한편으로는 하윤이의 가족에 대한 사랑이 가득 느껴져서 그림을 보는 동안 내 가슴도 벅차오른다.
넌 참 사랑할 수밖에 없는 아이구나~

2018.05.05.

사진을 한 장 하윤이에게 내밀었다.
"할아버지, 자전거 타고 논에 가시네."
하윤이가 냉큼 책상에 앉아 흥얼흥얼 콧노래를 부르기 시작한다. 그렇게 신나게 드로잉을 하더니, 이번에는 특별히 수채 물감으로 색칠도 한단다.
늙으신 내 친정아버지가 저 멀리서 자전거 페달을 돌리고 계신다.

2018.05.06.

어버이날 주간을 맞아 하윤이에게 **외할머니 외할아버지** 그림을 계속 그려 달라고 했다. (나의 사심을 가득 담아서ㅋ)
그림을 그리는 며칠 동안, 하윤이는 외할머니 집에서의 기분 좋은 추억들도 함께 꺼내 놓는다. 외할머니랑 밭에 갔던 일, 이모가 산딸기 따 줘서 먹었던 일 등등.
사진을 카피해서 단순하게 그리기만 하는 게 아니라, 시공간 이동으로 그 시간의 공기를 느끼고, 냄새를 맡고, 하늘을 보고, 이야기를 나누면서 하윤이는 포근함을 느낀다. 그 안에서 치유를 경험한다.

2018.05.07.

"5월 8일은 어버이날이야.
어버이날에는 엄마 아빠한테 카네이션을 선물하는 거야.
하윤이는 꽃이 없으니까 대신 그림으로 그려 줘요."
하윤이 덕분에 나의 오늘이 살짝 위로받는다.

2018.05.08.

내 차 옆으로 오리 한 쌍이 지나간다. 내가 내다보건 말건 아랑곳하지 않고 그들은 그들의 길을 간다.
그리고 내가 찍어 둔 동영상을 본 하윤이가 쓱쓱쓱 오리를 뚝딱 그려 낸다.

2018.05.11.

샌프란시스코 과학관으로 필드 트립을 다녀온 하윤이에게 물었다.
"과학관에서 제일 기억에 남는 게 뭐였어?"
인공지능 로봇? 별자리 관찰??
내심 근사한 대답을 해 주길 기대했건만, 하윤이의 대답은...... "펭귄"

2018.05.17.

1부 - 일상을 걷다

서울 사는 바람이가 아프다는 소식에 내 마음도 아프다.
특히나 가족들이 여행 가느라 정말 친한 친구 집에 며칠 맡긴 건데도 그 스트레스가 몸을 아프게 한 거라니, 너무 안쓰럽다.
금방 돌아올 거니까 잘 놀고 있으라는 말을 강아지의 언어로 전할 수 있었다면 분명 안심하고 잘 기다렸을 테지만 눈빛만으로, 표정만으로는 그 말을 읽을 수 없기에 마음이 불안했던 모양이다. 난 또 이렇게 버려지는가 싶어서.
하윤이에게 바람이 이야기를 들려주었다. 그리고 하윤이는 발랄하게 뛰어오는 강아지 두 마리를 그린다.
그림 그리는 내내, 하윤이에게서 웃음이 떠나질 않는다.
보는 나도 덩달아 기분이 좋다. 서울 바람이도 그림처럼 어서 빨리 신나게 달렸으면 좋겠다. 상일동 고덕천의 무법자로~ㅎ

2018.05.23.

오늘은 하윤이가 무섭다ㅎㄷㄷ
드로잉에 1시간 반, 페인팅에 3시간 반, 무려 5시간을 꼬박 그림 그리기에 몰두한다. (중간에 저녁밥을 먹긴 했다ㅋ)
밤 11시 반이 돼서야 책상에서 일어났다. 생글생글 웃으면서 이 닦으러 들어가는데, 정말 무섭다.
내일은 절대 그림 못 그리게 해야지ㅠㅠ

2018.05.30.

평소에 대충 흘려보내는 것 같은 하윤이지만, 하나하나 디테일하게 관찰하고 기억한다는 것을 또 한 번 증명하는 작품이다. 이 사랑스러운 미니어쳐~~~ 어쩔 거야💕

나무로 식탁 만들어 색칠하고, 핑크 테이블보도 직접 만들어 깔고, 냅킨까지 제작했다ㅋ

블루베리, 딸기🍓, 체리🍒, 키위🥝를 가득 넣은 달콤한 케이크🎂가 침 고이게 하네, 츄릅ㅎ 햄버거🍔도 어쩜 이리 먹음직스러울까. 햄버거 짝꿍 감자튀김🍟과 콜라🥤도 빠질 수 없지. 예쁜 꽃무늬💐 받침을 깔고 앉은 알록달록 던킨 도넛🍩에 프레츨과 빵들🍞까지 한 바구니, 배부르겠다. 핑크 잔에 커피☕만 채우면 바로 파티 시작할 수 있겠네🥂

얘들아~~~ 어서 와👫 우리 파티 하자🎉

2018.06.01.

7월에 친구가 온다.
항상 여행을 함께 다녀서 추억이 참 많은 친구를 기다리는 하윤이와 그 시간들 나누다가 문득 오래전 **제주의 여름**을 떠올린다. 이른 아침 중산간 도로를 달리다가 짙은 안개 속에서 마주한 제주마방목지. 꿈속이지 싶을 만큼 아름다웠던 기억이다. 이번 여름도 무조건 즐거울 예정이다ㅎㅎ

2018.06.26.

오전은 방에서 뒹굴뒹굴.
오후엔 물에서 퐁당퐁당.
특별하지 않아도 즐겁다.
아니다. 즐거우니까 특별하다.

2018.07.24.

With Dayoung
Acrylic, 28×35.5cm, 2018

Happy Hollow Park

Acrylic, 28×35.5cm, 2018

다영이가 보고 싶어요
Water Color, Pastel, Oil Pastel, 45.8×60.9cm, 2023

1일 1그림 완성.
드가의 작품 속 발레리나들은 우아한 발레 동작만을 보여 주고 있지는 않다. 대기실에서 수다를 하기도 하고, 연습실에서 다른 무용수를 관찰하기도 하고, 무대에 오르기 전에 옷매무새를 다듬기도 한다.
이렇게 가장 빛나는 순간만이 의미를 가지는 것이 아니라, 우리의 모든 순간이 인생을 기록하는 사소하지 않은 페이지들이다.
오늘 하루도 내 인생 한 페이지를 빽빽하게 채웠다.
수고 많았어. 토닥토닥~

2018.08.21.

발레리나 1, 2, 3 2018

Geranium

화씨 86도(섭씨 30도)를 찍은 오늘. 우리 집 거실에도 태양보다 강렬한 빨강 제라늄이 가득 피었다. 넘나 황홀하여, 하윤이 그림 앞에 한참을 앉아 있었다. 나는 에너지를 얻는다.
하윤이가 아크릴 물감을 얹을 때마다 우리 집 거실에도 제라늄이 한 송이, 두 송이 피어난다. 그렇게 꽃향기가 온 집 안에 은은하게 퍼져 나간다. 하윤이 덕분에 우리 집은 아름다운 여름 정원이다.

2020.04.28.

Summer_Geranium
Acrylic, 60.9×60.9cm, 2020

My House

하윤이의 스케치는 엄청 진하다. '강 약 중간 약'이 없고 '강 강 더 강'이다. 하윤이에게 미술 학원에서 하듯 손끝으로 연필을 가볍게 잡고 하는 드로잉을 배우게 하고 싶었다. 워낙 자기 스타일대로 그림을 그려 온 아이라 연필 잡는 법을 바꾸는 것도 쉽지 않았다. 그러다 문득 마음을 바꿨다. 미대 입시를 준비하는 아이도 아닌데, 왜 나는 남들이 하는 그 방식을 아이에게 주입하려고 하고, 잘 따라오지 못하는 것 같아서 또 발을 동동거리나 질책을 한다. 나는 이 아이를 자유롭게 키우고 싶다고 말은 하면서, 순간순간 일반화시키지 못해 안달인 걸까? 나는 그림을 잘 모르지만, 그림에는 어느 무엇도 틀리지 않고 다를 수 있는 자유가 있다고 믿는다. 그리고는 이 아이의 연필 잡는 법을 사랑하게 됐다. 미래에 이것이 하나의 장르가 될지 누가 아누?

2020.07.12.

Home_Midsummer
Acrylic, 30.4×40.6cm, 2020

Grand Canyon of Yellowstone

꿈같았던 일주일의 옐로스톤을 조금만 더, 조금만 더 붙잡고 싶다. 흥얼흥얼 노래하며 춤추며 이번 주 내내 그림에 파묻혀 있던 하윤이가 나에게 그 시간을 또 한 번 선물하는구나. 좋다ㅎㅎ

2020.08.07.

Morning glory Pool_Yellowstone

방금 나온 따끈따끈한 신작. 여행에서 일상으로 돌아온 지 한참 지났지만, 하윤이 작품을 통해 우리는 다시 한번 그곳을 떠올린다. 그 시간에 오래도록 머물게 한다.

2020.08.11.

Jackson Lake_Grand Teton

요즘 이 아이의 드로잉이 넘 좋다, 나는. 처음 한글 쓰기를 배울 때 한 글자, 한 글자 꾹꾹 눌러쓰던 기특함이 떠오르고, 그림 한 귀퉁이, 한 귀퉁이 채워 가며 여행을 추억하는 이 아이의 콧노래도 듣기 좋다. 내일은 또 어떤 페인팅을 보여 주려나ㅎ

2020.08.23.

Jackson Lake_Grand Teton
Acrylic, 30.4×60.8cm, 2020

Camel Beach

자폐성 장애를 가진 사람들이 남들에게 관심이 전혀 없을 거라는 편견이 일반적이지만, 하윤이는 바닷가를 산책하며 사람들을 관찰하는 것을 아주 좋아한다. 강아지와 놀이를 하는 사람들, 파라솔 아래서 쉬는 사람들, 의자에 앉아 바다를 바라보는 사람들, 친구들과 이야기 나누는 사람들까지 하윤이 그림 속 등장인물들을 보면, 하윤이의 깊은 관심이 그대로 드러난다. 우리는 누군가를 이렇게 오래 눈에 담고 마음에 담아 봤는지 돌아보게 된다.

2021.04.19.

Carmel Beach Acrylic, 45.7×60.9cm, 2022

Dog Lake_Yosemite

하윤이 덕분에 행복한 아침이야. 오래전에 비슷한 구도의 그림을 그렸던 것 같은데, 그때와 너무 다른 퀄리티구나. 모르는 사이에 한 계단, 한 계단 올라가고 있나 봐. 하늘과 호수에 비친 하늘이 비슷한 듯 미세하게 다르네. 누구와도 눈 맞춤이 쉽지 않  고, 안 보는 것 같고 듣지 않는 것 같아서 엄마는 자주 걱정하지만, 너의 그림을 보면 알 수 있어. 네가 세상을 얼마나 자세히 보고 있는지, 얼마나 세상을 사랑하는지. 엄마는 벌써 너의 다음 그림이 궁금하다. 너의 세상이 너의 그림 속에 있으니 말이야. 우리 오늘도 즐거운 하루를 시작해 볼까?

2021.07.16.

Dog Lake_Yosemite Acrylic, 40.6×50.8cm, 2021

오늘 완전 컨디션 굿.

하윤이는 최애곡, 김동률의 <아이처럼>을 따라 부르면서 함께 리듬을 타느라 흔들흔들 즐겁다.

그림 그리는 뒷모습이 너무 이뻐서 나까지 덩달아 행복해지는 오후.

2021.08.02.

Mount Rainier Acrylic, 91×61cm, 2021

Mount Rainier

일주일... 하윤이가 그림을 완성하는 그 시간 동안 나는 여전히 Mt. Rainier를 걷고 있다. 아름다운 그곳의 뽀드득 눈 발자국, 쨍한 얼음물의 찌릿함, 향긋한 바람 내음, 눈 시린 햇볕의 강렬함까지 내 오감을 그대로 깨워 준다.

2021.08.06.

Point Arena Lighthouse

아직 진행 중인 그림이지만… 한참을 들여다보게 되는 때가 있다. 이렇게 바다의 강렬한 출렁임과 하얀 포말이 내 얼굴에 차갑게 튀어 부딪히는 느낌. 지금이 딱 그렇다.

그날 그 바다의 소리가 그대로 내 귀에 생생하게 살아난다. 초록 바다가 나를 붙잡는다.

2021.11.23.

윤진하

여기 온 뒤로는 새로운 사람과 인연을 만들고 깊은 속내를 나누기까지 쉽지 않고 시간도 아주 많이 필요하다. 그렇게 이어진 친구와 헤어짐의 순간은 오고, 마음 한편이 시리다. 어디에서든 항상 건강하고 행복하기를 기도할게.

학교 다녀온 하윤이는 아쉬운 마음에 동생에게 그림을 그려 준다. 누나와 함께 그림 그리던 시간을 항상 기억해 주렴.

2022.02.01.

Camping 1

캠핑장의 밤. 칠흑 같은 어둠 아래 파이어우드가 바알갛게 타오른다. 블루투스 스피커의 음악과 타닥타닥 나무 타는 소리의 어울림이 아주 매력적이다. 무아지경. 원래도 별말 없는 가족이긴 하지만, 오늘밤은 더욱 고요하다. 밤이 깊어 간다.

2022.07.05.

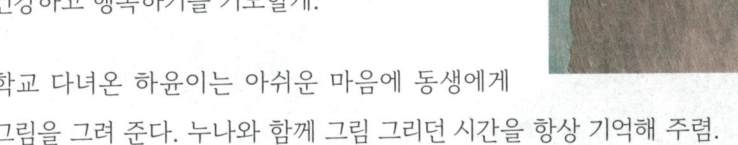

1부 – 일상을 걷다

Camping 1
Acrylic 60.9×60.9cm, 2022

멈추어 고민해도 답이 없음을 알기에

스테판 대성당

2022년 여름, 하윤이가 첼리스트로 참여하고 있는 Saratoga High School Orchestra의 유럽 투어 일정 중 오스트리아 비엔나를 방문했다. 오스트리아 최고의 고딕식 성당인 성 슈테판 성당에 대한 하윤이의 기억은 경건함보다는 갑자기 불어온 바람에 날아가려는 우산을 붙잡느라 허둥댔던 즐거움에 닿아 있다.

하윤이에게 그림은 즐거웠던 추억으로 데려다주는 행복한 타임머신이 되어 주고, 그 그림 덕분에 보는 이도 웃음 짓게 된다.

2022.08.17.

로텐부르크

2022년 여름, 학교 오케스트라 유럽 투어 중에 들렀던 독일의 작은 동네, 로텐부르크.

새로운 공간이 주는 낯설음은 늘 하윤이에게 긴장감으로 바뀌었다. 그러나 파스텔 톤의 집들과 야외테이블에서 편안하게 차를 마시는 사람들이 만들어 내는 이 동네 풍경은 오히려 긴장감을 내려놓게 한다. 마치 동화 속 마을 같은 따뜻함을 담은 그림에서, 세상을 향한 하윤이의 마음이 조금씩 열리고 있음이 느껴진다.

2022.10.28.

꽃과 소녀

아마도 2022년의 마지막 그림이지 싶다. 완성까지 두 달은 족히 걸린 듯. 푹 빠져서 후루룩 그려 내는 그림도 좋지만, 조금씩 시간을 켜켜이 쌓아 올린 그림은 그만큼 애정이 간다. 자꾸 눈이 머무른다.

나이 50이면 삶의 속도도 그만큼 빠르다는 것을 알지만, 하윤이의 속도마저 함께 빨라져 가는 것 같아 이 12월이 저무는 게 아깝기만 하다. 올 한 해도 건강하게 잘 보내 주어 고맙고, 새해도 즐거운 일들로 우리의 날들을 채워 보자꾸나.

꽃과 소녀
Acrylic, 121×91cm, 2022

AT THE BACKSTAGE

하윤이의 찐한 스케치가 나는 참 좋다. 순수하고 솔직하고 시원하고 깔끔한 ㅎㅎ

누군가는 하윤이의 사람 스케치는 너무 유아적이어서 경쟁력이 없으니 사람을 그리지 않는 게 좋겠다고 말하기도 했지만, 그냥 이것이 하윤이 그림인데 이것을 버리라 하면 하윤이는 없어지는 게 아닌가.

나는 그저 부족하면 부족한 대로 그냥 하윤이인 게 좋다. 이목구비 찐하고 머리카락도 완전 굵은 하윤이를 닮은 이 찐한 스케치 선이 좋다.

하윤이가 첼로를 만난 지도 벌써 10년째. 세상 속으로 다가가는 데 주저함이 많은 하윤이지만, 첼로와 함께라면 좀 더 용기 내어 볼 수 있다.

크리스마스 콘서트 무대에 올라가기 5분 전, 백스테이지는 두근거림으로 가득하다. 다른 첼리스트들과 함께 멋진 공연을 하고 싶은 하윤이의 진지함이 그림 속 뒷모습에 그대로 묻어난다. 왼손에 쥔 악보와 오른손으로 첼로를 꽉 잡은 야무짐까지 집중력이 느껴진다. 나도 모르게 뭉클한 응원을 보내게 된다. 이렇게 첼로는 하윤이가 세상과 소통하는 목소리이고, 그 마음은 하윤이의 그림에 고스란히 담겨 있다.

2023.01.04.

At the Backstage

Acrylic, 121.5×91.5cm, 2023

Pinnacles National Park

그 산에 다시 오른다. 바람이 분다. 등줄기의 땀이 식어 가고, 코끝을 간질인다. 들이마시고, 들이마시고, 들이마시고, 초록이 내 안에 가득 찼다.

2023.05.28.

Pinnacle 1
Acrylic, 30.4×40.6cm, 2020

Pinnacle 2
Acrylic, 46×61cm, 2021

Pinnacle 3

Acrylic, 91.4×121.6cm, 2023

멈추어 고민해도 답이 없음을 알기에

2023년 여름, 서울 방문

나 혼자서는 하윤이를 잘 키울 수 없음을 안다. 하윤이를 아주 애정하는 선생님과 마주 앉으니, 하윤이의 그림 이야기와 일상 나누기가 봇물처럼 쏟아져 나온다. 진심 가득한 격려와 응원에서 나는 힘을 얻고, 한 단계 성장하는 내일에 대한 꿈을 꾸게 된다. 더불어 선생님의 그 따뜻한 마음이 장애 예술 깊이깊이 스며들어 마르지 않는 오아시스로 피어나길 기도한다.

2023.07.12.

다양한 캐릭터를 가진 아이들이 험난한 어린 시절의 터널을 지나 같은 꿈을 꾸는 영아티스트로 만났다.

2023.07.13.

친정아버지 구순 모임

항상 우리에게 든든한 버팀목이 되시고, 쉬어갈 넉넉한 그늘을 만들어 주시는 아버지 어머니. 사랑하고 또 사랑합니다.

2023.07.15.

분명 하윤이를 주제로 한 엄마의 일정이지만, 정작 하윤이는 엄마 따라다니느라 심심하고 피곤하고 지칠 만도 한다. 그럴 때면 어김없이 스케치북과 연필이 등장한다. 하윤이는 그날의 만남을 그림으로 기록하면서 즐거운 기억을 쌓는다. 오늘 만난 사람들, 맛있는 음식들, 즐거운 웃음소리까지 그 종이 안에 가득 담긴다.

2023.07.16.

인연의 끈은 너무나 질기고 질겨, 이제는 뿌리가 되고 줄기가 퍼져 나간다. 더욱 단단히 서로를 지탱하고 똑바로 서게 한다. 그리고 머릿속에서만 맴돌던 나의 꿈을 이제는 입 밖으로 꺼내어 다듬어 가라고 응원을 준다. 이 밤이 짧아서 아쉬워도 곧 다음 밤에서 만날 것을 알기에 기쁘게 헤어졌다.

2023.07.18.

모든 사람의 생각이 하나로 모일 수는 없지. 모여서도 안 되지. 다양한 생각과 다양한 사람들이 건강하게 공존하는 세상을 꿈꿉니다.

2023.07.19.

한 번 만나고 두 번 만나면, 아이들 간의 질서가 생긴다. 몇 뼘 정도의 거리가 서로에게 안정감을 주는지 스스로 조절해 간다. 서로가 모두 다르지만, 서로가 모두 귀하다는 것을 감각으로 배운다. 이것이 공동체가 필요한 이유이다.

2023.07.20.

"'예술'에서 '삶'이라는 단어를 경시해서는 안 된다.
삶에는 존재의 전부가 함축되어 있고, 예술은 삶에 반응해야 하지,
삶을 꺼려서는 안 된다."
- 에드워드 호퍼

"'빛'과 '어둠'이 공존해야 물방울이 존재함을 알 수 있다."
- 물방울 선생, 김창열

세상은 무한 밝기만 하지도, 무한 어둡기만 하지도 않다. 그것이 우리의 삶이다. 너무 자만하지도 말고, 너무 힘들어하지도 말아야 할 이유다.

한국 6년 그리고 미국 6년, 참 열심히 살았다. 심지어 아주 잘 살았다. 그 시간을 함께한 하윤이와 나, 잘했다 잘했다 쓰다듬고 칭찬해 주고 싶다. 그럼에도 불구하고....

우리의 한계와 고민과 질문 모두를 꿰고 계셨다. 나의 간지러운 등허리 지점을 제대로 짚고, 어떻게 해야 할지 방법까지 알려 주신다. 그 방법대로 해 볼 것인가 말 것인가는 결국 나의 선택이다.

그리고 긴 공백의 시간 동안에도 나를 위해, 우리를 위해 기도하고 마음 써 준 고마운 나의 가족들, 친구들, 선생님들 고맙습니다. 저도 항상 그대들을 위해 기도하겠습니다.

2023.07.29.

멈추어 고민해도 답이 없음을 알기에

Dear My Family
Acrylic, 91.4×121.6cm, 2023

Andrew Molera

Acrylic, 40.5×51cm, 2023

South Summit Lake 1

Acrylic, 40.5×51cm, 2023

Lassen Peak 1

Acrylic, 40.5×51cm, 2023

Lassen Peak 3

Acrylic, 40.5×51cm, 2023

Andrew Molera State Park
걷지 않는 날에도 하윤이는 그림으로 열심히 걷는다.

2023.09.25.

Summit Lake 1_Acrylic
Summit Lake 2_Pastel
하윤이는 아크릴 물감으로 그림 그리는 데 아주 익숙하다. 이제는 새로운 재료를 접해 보려고 한다.

아크릴 물감으로 그렸을 때와 파스텔로 그렸을 때의 차이를 직접 느끼고, 차츰 자기만의 스타일로 만들어 가기를 바란다.

2023.10.20.

Lassen Peak 2_Pastel on Paper
파스텔을 사용하는 데 점점 두려움이 없어지는 중이다. 세상엔 너무도 많은 색이 숨어 있단다. 그 숨은 색들을 너만의 눈으로 찾아내 보렴. 재미난 보물찾기가 될 거야.

2023.10.27.

Lassen Peak 3_Acrylic in Canvas
산에 갔던 게 언제더라, 가물가물했던 기억을 그림으로 소환한다. 땀이 흐르다 바람에 날아간다.

2023.11.05.

Utah 1

스케치가 마무리되면 여기에 어떤 색깔 옷이 입혀질까 늘 궁금하다.
그 옆에 물끄러미 앉아 있자면, 그림을 그리면서 너무도 평화로운 너의 모습을 보게 된다.
나는 가만히 숨죽이게 된다. 너의 그림으로 많은 사람들에게 그 평안을 널리 나누어 주길 바라. 그리고 삶이 너의 그림과 항상 닮아지기를 기도해.

2023.12.10.

Utah 2

우리가 그날 그곳에 가지 않았더라면, 이 멋진 작품을 만나지 못했을 테지. 시간이 지나면 추억은 항상 아름답게 남는다. 수천 년 바람과 물이 만들어 낸 그 절벽 사이로 만들어진 길을 걷노라니, 우리 마음속에서도 새로운 의지들이 꿈틀거렸다. 나의 깊은 내면으로 집중하라.

2023.12.28.

Sunrise_Acrylic

새해 첫날 Mount Diablo에서 만났던 첫해를 떠올린다. 오렌지빛 하늘이 하윤이의 얼굴에 환한 웃음으로 물들고 있었으리라. 하윤이의 만화 한 컷 같은 이 그림은 새해에 대한 설렘과 기대가 가득하다.

2024.01.21.

Sunrise_Mt. Diablo
Acrylic, 40.6×50.8cm, 2024

드디어 그림을 걸었다.
하윤이의 사라토가 첫 전시회를 시작합니다.
두둥!

2023.10.10.

Hayoon's Art Exhibition
Oct.10 ~ Dec. 12
Saratoga Library
Reception : Oct. 21, 1:30 ~ 3:00 pm

Nature Therapy, Natural Therapy

이하윤을 소개합니다

2005년 한국에서 태어난 하윤이는 5살에 자폐 진단을 받았습니다. 다른 사람과 눈 맞춤을 전혀 하지 못하고, 잔디밭을 맨발로 걷는 것도 두렵고, 마치 투명 유리 상자 안에 있는 것처럼 자기만의 세상에서 살았지요. 그런 하윤이를 세상 속으로 끌어내기 위해 매일 언어치료, 감각치료, 음악치료, 운동치료, 사회성 그룹 치료 등 수많은 치료 수업이 시간을 가득 채웠습니다.

2018년 12살 하윤이는 가족과 함께 캘리포니아 사라토가로 왔습니다. 가족도 친구도 하나 없는 낯선 이곳에서 하윤이는 몹시 외로웠습니다. 심지어 영어를 전혀 하지 못하는 이 아이에게 미국은 두려운 곳이었죠. 매일 불안과 긴장의 연속이었습니다.

하지만 한국과는 너무 다른 교육 시스템을 제대로 알지 못한 엄마는 하윤이를 위해 한국에서처럼 다양한 치료 수업을 제공하지 못했습니다. 대신에 가족은 주말마다 산으로 갔어요. 함께 걷고, 하늘을 보고, 바람을 느끼고, 새소리를 듣고, 냇물에 발을 담갔습니다. 주중의 학교생활 동안 긴장으로 경직되었던 하윤이의 몸과 마음이 숲속에서 편안해졌습니다. 지친 몸에 에너지가 충전되었구요.

그러다 산에서 바다에서 캠핑을 하기 시작했습니다. 평소 심하게 예민한 하윤이지만, 캠핑을 하는 밤이면 아주 편안하게 깊은 잠을 잘 수 있었어요. 자연에서 얻은 힘으로 그 다음 한 주를 잘 보냈지요. 바로 자연이 하윤이에게 힐링을 주는 치료실이 되어 주고 있었습니다.

하윤이는 그림을 그리기 시작했습니다. 언어로 자기의 느낌과 생각을 표현하는 데 서툰 아이지만, 그림에서만큼은 자기의 생각을 고스란히 보여 주었습니다. 자연에서 느끼는 편안함과 행복이 그대로 그림에 묻어났지요. 숲속을 걸으면서 힐링하고, 그림을 그리면서 또 한 번 힐링을 하는 것입니다.

2023년 하윤이는 사라토가 하이스쿨 12학년이 되었고, 그렇게 5년을 넘게 꾸준히 그 자연을 그림으로 옮기고 있습니다. 그 그림들이 벌써 300여 점이 넘습니다. 사라토가의 아름다움, 캘리포니아의 아름다움, 그리고 미국 자연의 아름다움으로 그 영역이 넓어지고 있지요. 혼자 집에서 그린 그림들이라 조금은 서툴고 조금은 어색한 부분들이 있지만, 오히려 그것이 하윤이의 솔직함이고 순수함입니다.

하윤이가 자연 속에서 그리고 그림을 그리는 동안 느꼈던 그 치유의 시간을 이제는 다른 사람들과도 나누고 싶습니다. 관람객들도 하윤이의 그림에서 편안하게 쉬어 가는 휴식을 느끼기를 소망합니다.

Nature Therapy! Natural Therapy!

지난 한 달 동안 많은 일을 했다. 급하게 전시회를 기획하고, 2주 전에 그림을 걸고, 리셉션까지 마무리했다.

하윤이는 전시회 리셉션에 오시는 손님들에게 첼로 공연을 선물하기 위해 한 달 동안 열심히 연습했고, 누구보다 기쁘게 어거스트 선생님께서 함께 첼로 공연을 해 주셨다. 나 혼자였으면 절대 가능하지 않았을 일들이었지만, 나의 친구들이 있어서 할 수 있었다. 함께 기뻐하고, 함께 고민하고, 바쁜 일정 다 미루고 달려와서 일해 주었다. 그리고 리셉션에 와 주신 모든 분들께 감사의 마음을 전하고 싶다.

2023.10.21.

일요일 늦은 밤이 되어서야 하윤이는 편안하게 앉아 칭찬과 응원의 메시지들을 들여다본다.

물론 자기가 좋아서 그리기 시작한 그림이지만, 한계를 느끼고 언젠가 그림에서 마음이 멀어지는 순간들을 마주하게 될 것이다.

하윤아, 그럴 때마다 오늘의 기쁜 마음을 떠올리기 바라.

많은 사람들에게 위로와 휴식이 되는 너의 그림들을 기다릴게. 그리고 캔버스 앞에서 너의 모든 시간이 행복하길 기도해.

2023.10.22.

　항상 고민은 많다. 우리의 앞날은 어떻게 열릴지, 우리는 무엇을 준비해야 할지, 이곳 미국에서 자리를 잡아야 하는지, 한국으로 옮겨 가야 할지, 어느 곳이 하윤이에게 적합한 곳일지…. 매일 나의 선택의 기울기는 달라진다.

　하지만 미래에 대한 걱정이 무슨 의미가 있나 싶다. 일어나지 않은 일에 나의 에너지를 쓴다는 게 너무도 소모적이다. 우리가 발 딛고 있는 오늘 이곳에서 잘 지낸다면, 그날들이 모여 아름다운 우리의 모습이 될 것을 믿는다.

My Eight Years Old
Mixed Media, 60.9×45.8cm, 2023

2부
—
자연을 걷다

\# 나는 Saratoga에 산다
\# San Francisco, Sausalito 그리고
\# Highway 1
\# Yosemite
\# Lake Tahoe
\# Yellowstone
\# Mt. Shasta 와 Lassen Volcanic NP
\# Crater Lake
\# Grand Circle
\# 신들의 나라, Death Valley 그리고 Sedona
\# 세상의 주인은 누구?
\# Camping

나는 Saratoga에 산다

우리가 처음 이곳으로 이사 왔을 때, 아들이 그랬다. 꼭 이렇게 시골에 살아야 하는 거냐고.

동네는 고요했고, 어디를 둘러봐도 초록뿐이었다. 그리고 해가 지면, 가로등 불빛 찾기도 쉽지 않은 암흑으로 변했다. 조용했고, 외로웠고, 여름은 뜨겁고, 비가 쉬지 않고 내리는 겨울은 뼛속까지 시려웠다. 심지어 비 때문에 정전은 부지기수였다. 그럼에도 불구하고 나는 우리 동네, 사라토가가 좋다. 조용히 걸을 수 있는 초록 숲이 집 주변에 아주 많았고, 나는 걷는 맛을 알아 버렸다.

Home_Spring

Acrylic, 40.6×50.8cm, 2019

Coyote Lake

꾸미지 않은 있는 그대로의 자연보다 아름다운 것은 없다.
눈이 시리도록 파란 하늘 아래를 한참 걷고 있으니 내 몸에 푸르름이 스며든다.
그렇게 발걸음도 사뿐하여 몇 발자국 더 걷다가는 하늘로 날아오를까 걱정돼서 이만 총총 내려왔다.

2018.02.26.

Big Basin Redwoods State Park

집 가까이에 이렇게 멋진 공원이 있다는 건 축복이다. 긴 호흡으로 깊숙하게 레드우드의 내음을 끌어들인다. 그리고는 꾹꾹 눌러서 저장한다.
내일부터 조금씩 아껴서 꺼내 마셔야지. 이번 주는 릴렉스~ 릴렉스~ 릴렉스~~~

2018.04.01.

Redwood_Mt. Madonna Acrylic, 25.4×25.4cm, 2020

Montalvo Arts Center
전생에 이 집에서 공주로 살았을지도. 하윤이는 너무나 여유롭게 정원을 거닌다ㅎㅎ 보물찾기에 성공한 것 마냥 기분 좋다.
이제는 다운타운 말고 여기로 산책 와야지.

2018.04.29.

Montalvo
Acrylic, 20.3×25.4cm, 2019

저녁 먹고 집에 들어오는 길.
하늘의 구름이 발그레한 양 떼들처럼 너무도 사랑스러워, 내친김에 집 근처 와인 트레일로 드라이브했다.
애들은 별 감흥이 없었으나, 중년의 아줌마, 아저씨는 연신 노을에 감탄사를 쏟아 낸다.

2018.05.05.

WildWood Park

한 살 한 살 몸은 자라지만, 그네 사랑만큼은 여전히 그대로다. 오늘 종일 집에만 있어서, 머리도 아프고 배도 아프고 기분도 안 좋다더니… 그네를 타는 순간 말끔히 해결됐다. 연신 하하호호 기분이 좋다. 선선한 바람 맞으며 하늘로 날아오르는 하윤이를 보고 있으니, 나도 덕분에 머리가 맑아진다.

2019.09.15.

Castle Rock State Park

집에서 20분이면 이렇게 멋진 하늘이 열린다. 자꾸 눈이 높아져서 큰일이다. 하늘과 어깨를 나란히 하고 구름을 발아래 깔아 줘야 산에 오른 것 같으니ㅋ 너무나 아름다운 이곳을 사진에 다 담을 수 없음을 아쉬움으로 남기고 내려왔다.

2020.01.30.

Sunol Wilderness Regional Preserve

비 오는 날의 산책. "Little Yosemite Area"라는 표지판에 이끌려 무작정 걸었다. 우산에 토도독 떨어지는 빗방울의 간지럼이, 물방울 가득 머금은 연둣빛 잎사귀의 사각거림이, 발바닥에 밟히는 진흙의 자박거림이, 콸콸콸 바위를 넘어 쏟아지는 개울물의 수다스러움이, 먼 산에 살포시 내려앉은 안개구름의 뭉근함까지 모두가 내 눈을, 내 귀를 행복하게 한다. 좋다ㅎㅎ

2020.03.15.

오늘의 우리의 산책 코스는 우리 동네 양지바른 언덕 위에 있는 Cemetery. 어린 시절 등줄기에 식은땀을 유발했던 전설의 고향 공동묘지를 상상한다면 No! No! No!!! 평화롭고 고즈넉한 아름다운 공원이다. 고인을 만나러온 몇몇 가족들의 풍경까지 더불어 참 따뜻하다. 햇볕도 아주 따뜻한 산책이었다.

2020.04.11.

In My Garden
Acrylic, 45.5×61cm, 2020

Sanborn County Park

발자국 소리와 새소리만으로 가득 찬 세상, 그곳에서 우리는 비로소 자유로워진다. 우리의 호흡이 살아난다. 숲으로 둘러싸인 우리 동네에 감사한 순간이다.

2020.07.12.

Rancho San Antonio

숲속을 걷는다. 깊고 고요한 숲속을 걷는다. 평일 아침 숲은 온전히 우리만의 것이 된다. 파란 하늘 아래 바람은 살랑하고, 밤사이 내린 비에 초록 내음이 더욱 짙어지니, 숲길을 걷는 우리 발걸음에 콧노래가 흥얼거려진다. 발뒤꿈치가 간질간질하여 통통통 날아오른다. 걷기는 축복이다.

2021.12.27.

Fremont Older Open Space Preserve 인생이란 게 내리막인가 하면 오르막이 있고, 또 결국엔 내려와야 한다. 오늘도 산에서 배운다.

2021.04.20.

Rancho San Antonio 1

Acrylic, 27.9×35.6cm, 2019

Rancho San Antonio 2

Acrylic, 30.4×40.6cm, 2020

Ducks in the Fall

Acrylic, 20.3×25.4cm, 2020

Loch Lomond Recreation Area

노를 저어라 노를 저어라 에헤라디야. 하늘 좋고, 물 좋고, 멤버 좋고, 물고기만 잡혔으면 완벽했을 하루ㅋ

아니다. 물고기 잡으러 다시 와야 하는 이유를 만들어서 좋은 날.

2021.05.10.

Saint Joseph's Regional Open Space

작은 물길을 따라 한 발 두 발 걸었더니 하늘이 열린다. 나의 하루가 차곡차곡 쌓여서 인생이 되는 것처럼. 오늘 하루도 잘 살았다.

2021.05.18.

Montalvo Arts Center

트레일 걷는 중에 우연히 설치미술 작품을 만났다. 잠시 쉬어 가며 한참을 들여다보았더랬지. 이렇게 소박한 오두막 안에 하윤이 그림들이 걸려 있으면 얼마나 좋을까 상상도 해 보았지. 눈부시게 파란 캘리포니아 하늘과 초록 향기를 가득 품은 하윤이 그림들 앞에 선 사람들의 행복한 미소를, 나는 매일매일 꿈꾼다.

2021.06.22.

Mount Umunhum

지그재그 업힐이 계속이라 힘들었을 텐데, 트레일 걷기에 단련된 아이들은 8.5 마일을 동네 산책 나온 듯 발걸음이 가볍다. 마지막 계단까지 힘겹게 오르고 만난 산호세의 파노라마 뷰가 누가 뭐래도 엄지척이다. 이 맛이지. 좋구나.

2021.08.03.

Wilder Ranch State Park

짜장? 짬뽕? 고민될 때 짬짜면처럼, 숲 트레일과 바닷가 트레일을 함께 걸을 수 있다. 다른 날보다 살짝 더 피곤한 거 빼면, 숲이 주는 편안함과 바다의 시원함을 모두 즐길 수 있었던 오늘.

2022.01.30.

Purisima Creek Redwood Preserve

졸졸졸 흐르는 계곡물 소리를 배경 음악 삼아 레드우드 숲속을 오르는 발걸음이 신난다.

안경은 차에 두고 선글라스만 끼고 출발한 덕에 나는 해 질 녘 산행의 기분(?)을 느껴 보았고, 그러다 조막만 한 돌멩이에 발이 미끄러져 허망하게 바닥에 널브러졌다. 때마침 지나가는 다른 이들에게 못 볼 꼴을 보여서 민망하고, 그렇잖아도 아픈 어깨를 또 한 번 잘못 짚어서 악 소리도 못 지를 통증을 느껴야했고, 남 일 보듯 멀찌감치 떨어져 있는 남편에게 단단히 맘 상했지만……

나는 다음 주말에도 또 걷고 있을 거다.

2022.02.27.

Huddart Park

일욜에도 회사에 출근한 아빠 없이, 하윤이와 엄마는 트레일을 걸었다. 걷기에 너무 좋다는 친구의 추천을 킵해 뒀다가 오늘 히든카드로 꺼냈다. 다이나믹한 업 앤 다운 없이, 그렇다고 넘 플랫하지도 않고, 적당한 오르막과 레드우드 잎들이 가득 쌓여 나름 폭신한 길은… 처음 걷기에도 아주 편안했다. 항상 아빠 자리였던 선두에 선 하윤이는, 어깨 아픈 엄마 가방도 대신 들어주고, 갈림길에서는 표지판을 먼저 읽고 엄마를 안내한다. 한참 앞서가다가 멈추어 뒤따라오는 엄마를 기다려 주는 하윤이가 있어서… 우리 둘이서도 충분히 좋았다.

2022.06.12.

Castle Rock State Park

오늘은 하윤이와 동네 뒷산을 올랐다. 도시는 걸을수록 피로가 쌓이지만, 산은 걸을수록 에너지가 충전된다.
우리는 어쩔 수 없이 시골살이가 딱이다.

2022.08.05.

Rancho San Antonio

걷자

걷자

걷자

걷던 대로 걷자

멈추어 고민해도 답이 없음을 알기에

멈추지 말고 계속 걷자

그러다 보면 우연히라도 답을 만나겠지.

2023.08.09.

    서울 살 때와 내가 가장 달라진 점이 뭘까. 아마도 시간에 쫓기지 않는 여유로움이겠다.

    서울에서는 아침 일찍 집을 나와 밤늦게 들어가는 스케줄을 살다 보니, 집 주변을 둘러보기 쉽지 않았다. 그리고 내 주변의 모든 사람들이 그런 일상을 살고 있어서 내 삶은 그닥 특별하지도 않았다. 그리고 더더욱 바쁘게 열심히 살아야 가치 있는 삶이라고 생각했었다. 특히 나는 장애를 가진 하윤이를 키우면서 치료실에서 치료실로 옮겨 다니느라 아주 바빴다. 그것이 아이를 위한 나의 최선이었다. 모두가 그렇게 최선을 다해서 살지만, 그 삶의 모습에 만족하는 사람은 몇이나 될까. 다들 힘들다고 말은 하지만, 멈추는 것은 더욱 두려워서 힘들어도 버틴다.

    사실 이곳의 여유로운 삶은 처음부터 내가 의도한 것은 아니었다. 엄마로서 미국 특수 교육 정보가 전혀 없었던 나는 하윤이와 함께 집에 머무르는 시간이 길었을 뿐이다.

그래서 동네를 걸었다. 하윤이와 함께 걸으면서, 하윤이가 초록 숲에서 더욱 편안해진다는 것을 알게 되니 자꾸 걷게 되더라. 몸이 깨어나야 정신도 깨어난다는 말처럼, 등에 땀 좀 나고, 종아리도 조금 욱씬거리면, 머리는 오히려 맑아지는 경험을 하게 되었다. 그리고 무념무상으로 걷다 보면 내가 가지고 있던 무거운 근심들도 한결 가벼워졌다.

물론 멋진 곳으로 여행도 기분 전환을 하기에 좋지만, 일 년에 몇 번이나 그런 호사를 누릴 수 있겠는가. 하지만, 운동화 끈 한번 꽉 묶고 집을 나서는 순간, 우리는 동네를 여행할 수 있다. 내가 매일 사는 곳이 아니라, 여행자의 눈으로 본다면, 요즘 유행하는 색다른 소도시 여행이 될지도 모른다. 작은 것에도 감동할 준비를 한다면, 그동안 내가 놓치고 지냈던 아름다움이 나에게 몰려들 것이다. 그런 가운데, 우리는 나를 한발 떨어져서 볼 수 있고, 나의 걱정 근심들도 별거 아니라 여겨질 수 있다. 매일 반복되는 나의 일정에 매몰되어 사느라 보지 못하고 지나가는 아름다운 풍경들을 새롭게 만나기를 바란다. 매일 아침에 행복하게 눈뜰 수 있지 않겠나. 오늘 오후도 잠깐 짬을 내어 동네를 걸어 보아야겠다.

San Francisco, Sausalito 그리고

Pier_San Francisco
Acrylic, 45.7×61cm, 2024

오늘 우리는 제대로 관광객 모드 ON!!!!!
샌프란시스코 금문교는 굉장히 심플하지만 웅장함으로 우리를 맞이했다. 올해로 80년이라는데, 그 오렌지빛은 여전히 반짝이고 있었다.
처음에 제대로 만들어 오래도록 쓰고자 하는 이 나라 사람들의 스타일을 느낄 수 있다.

PIER 39. 남편이 장기출장으로 미국에 있을 때 이곳에서 혼자 Clam Chowder를 먹으며 외로움을 달랬다는 이야기가 떠올라 마음이 짠했다.
직접 와 보니 여기 미국은 가족과 함께가 아니라면 무조건 지내기 힘든 곳이다. 지금은 함께할 수 있어서 참 다행이다.
부둣가를 걸으며 만나는 버스킹들은 아이디어가 넘친다. 그 에너지와 활기 덕분에 우리도 기분이 좋아진다. 업! 업! 업!

My Family
Acrylic, 45.5×61cm, 2020

Sausalito

이곳에 조금씩 마음을 주게 된다.
하늘도, 햇빛도, 바람도 나에게 위로가 된다.
사람들이 왜 캘리포니아에 살고 싶어 하는지 알 듯하다.
소살리토에서 바라보는 티뷰론도 그림 같고,
좀 더 멀리 샌프란시스코도 영화 속 한 장면이다.
저기 요트 한 척을 타고 캘리포니아만을 한 바퀴 돌아보고 싶은 마음이 자꾸 생긴다ㅎㅎ

Muir Beach

Muir Woods를 가려고 나섰다가, 주차장을 들어가지 못해 결국엔 그 산을 포기하고 내려왔다. (*우리는 미리 주차 예약을 했어야 한다는 걸 몰랐다.)
그랬더니 우리 앞에 너무나 아름다운 작은 해변이 나타났다. 바로 Muir Beach.
Trail을 따라 올라갈수록 바람이 거세서 힘들었지만, 눈앞에 펼쳐진 전경은 너무 아름다워서 계속 감탄만 하게 된다.

이 광활한 자연 앞에 우리는 보잘것없는 티끌일 뿐이다. 우리는 또 한 번 겸손해지게 된다.

2018.02.18.

Looking at Muir Beach
Acrylic, 60.9×60.9cm, 2022

San Francisco, Alcatraz in the distance.

크루즈를 타기에 더할 나위 없이 좋은 오후였다. 골든게이트 브릿지, 소살리토, 티뷰론, 엔젤 아일랜드, 알카트라즈, 베이 브릿지, 샌프란시스코 전경까지. 세찬 바람에 얼굴이 얼얼해져도 너무나 아름다운 풍경이 입을 다물 수가 없다. 연신 환호가 새어나온다. So wonderful! Awesome!! Fantastic!!!

2019.08.07.

Muir Woods National Monument

레드우드 숲과 물과 바람과 햇빛의 가장 적절한 조합을 가진 뮤어우즈. 4시간을 넘게 걷고도 숲을 나오는 길이 아쉽다. 집에 돌아가려니 발길이 머뭇거려져서 마지막 벤치에 우리는 한참을 앉아 있었다.

2021.06.05.

Angel Island State Park

티뷰론에서 페리를 타고 10분이면 엔젤 아일랜드에 도착한다. 나지막한 산이라 트레일도 가뿐한데, 뷰는 가뿐하지 않다. 골든게이트 브릿지, 베이 브릿지, 산라파엘 브릿지까지 너무 아름다운 풍경이 360도로 펼쳐지는데 가슴이 얼마나 벅차던지. 바다에서 하늘로 그 경계를 알 길 없는 푸름이 내 온 마음을 적시고도 남더라.

2021.06.27.

Mt. Diablo
Acrylic, 40.6×50.8cm, 2022

Tiburon to Angel Island
Acrylic, 40.5×50.5cm, 2021

Tennessee Valley Miwok Trail.
하늘은 구름 한 점 없이 맑고, 바람은 또 얼마나 상쾌하던지. 우리 2022년도 신나게 잘 걸어 봅시다.
Lee Family, Cheer up.

2022.01.01.

한국에 있는 지인들이 내가 사는 곳에 대해 물으면, San Jose (정확히는 Saratoga)라고 대답한다. 그리고 산호세가 낯선 분들에게는 San Francisco 근처라고 부연 설명을 덧붙이는 때가 더 많다. 그만큼 San Francisco는 우리 집에서 멀지 않은 동네다. 1시간에서 1시간 반이면 샌프란시스코 어디든 도착한다. 하지만 처음 우리가 여기 왔던 2018년 무렵 샌프란시스코는 나에게 그저 "If You're going to San Francisco~" 이 노래가 주는 환상의 도시였다. 그래서 우리 가족은 주말이면 자주 관광객 모드가 되어 그 주변을 서성거렸다.

샌프란시스코는 모든 것을 다 가지고 있었다. 샌프란시스코의 랜드 마크인, 그 전체 모습을 보려면 구름과 안개가 많은 오전 시간보다는 구름 걷히는 오후 시간에 방문하는 것이 좋은 금문교. 많은 바다사자들의 합창을 들을 수 있고, 길거리 공연을 즐길 수 있는 피어 39. 샌프란의 대표적 음식인 클램차우더를 파는 식당이 많은 피셔맨스 워프. 영화 〈인사이드 아웃〉에 등장하는 S자형 꽃길인 롬바드 스트리트와 만화 속에 등장할 법한 차들. 옛날에는 형무소로 쓰였다는 알카트라즈섬. 앞으로 샌프란시스코 자이언츠의 이정후와 샌디에이고 파드리스의 김하성이 경기를 하게 될 오라클 파크.

　도시 안에 볼거리는 가득하지만, 샌프란시스코 근교에도 멋진 곳들이 많다. 소살리토와 티뷰론은 이 곳 사람들이 은퇴하고 살고 싶어 하는 동네인 만큼, 샌프란시스코를 마주 보고 있는 뷰도 아름답고, 보트를 탈 수 있는 집 앞 바다와 초록으로 둘러싼 뒷산들도 최적의 균형을 이루고 있다.
　뮤어우즈는 레드우드의 중심 군락지이기도 한데, 그 숲길을 걷는 것만으로도 온몸이 치유받는 느낌을 받는다. 그리고 그 산길을 내려오면 뮤어 비치로 연결된다. 그 바다에서 잠시 쉬면서 우리는 다음 한 주를 살아갈 새로운 에너지를 얻곤 했다.
　티뷰론에서 페리를 10분 정도만 타면 엔젤 아일랜드에 도착한다. 그곳은 옛날 캘리포니아로 들어오는 모든 이민자가 거쳐 가야 하는 관문이었다는데, 지금은 골든게이트 브릿지, 베이 브릿지, 리치몬드 브릿지와 샌프란시스코 전체를 조망할 수 있는 최고의 트레일로 더 유명하다. 그리고 타말파이스산에 오르면 더 높은 뷰를 즐길 수 있고, 테네시 밸리 트레일을 걸으면 테네시 비치, 그 끝이 태평양 바다로 연결된다. 더 멀리 멀리 그 바다를 넘으면 내 고향 한국까지 갈 수도 있다.

San Francisco
Acrylic, 50.5×40.5cm, 2024

2018년부터 시작된 샌프란시스코 여행은 2021년을 지나면서 차츰 줄어든다. 우리 동네를 나와 샌프란시스코를 거쳐, 우리의 여행이 좀 더 멀리로 확장되고 있었다. 더 멀고, 더 넓고, 더 새로운 곳을 찾으려는 마음 이면에 샌프란시스코는 이 정도면 충분히 안다는 만족감과 지루함도 있었을 것이다. 언제든 갈 수 있는 곳에 대한 호기심과 매력은 떨어지기 마련인지도 모른다.

최근에 한국에서 온 아들과 함께 샌프란시스코를 오랜만에 가게 됐다. (20대 아들은 우리처럼 산을 걷는 걸 좋아하지 않았기 때문에 가까운 도시를 찾다 보니 샌프란시스코가 당첨된 것이다.) 케이블카를 타고 골든게이트 파크 쪽으로 가서 공원을 산책하기로 했다. 도로 한가운데를 달리는 케이블카는 기대보다 아주 낭만적이었다. 나무로 만들어진 그 케이블카와 딸랑딸랑 수동으로 차창이 울리는 종소리도 아주 정겨웠다. 그리고 케이블카 창문 밖으로 보이는, 내가 다 안다고 생각했던 샌프란시스코의 풍경이 아니었다. 그 창문으로 불어 들어오는 바람까지도 아주 신선했다.

기분 좋은 덜컹거림을 한참 즐기고 나니, 목적지 골든게이트 파크에 도착했다. 우리는 이전에 늘 피어(Pier) 쪽을 걸었지만, 몇 분만 더 걸으면 마주쳤을 그 공원의 산책로는 처음이었다. 바다엔 크루즈들이 정박해 있었고, 배들과 공원 사이의 그 바다에서는 사람들이 수영을 하고 있었다. 나에게 차가운 1월의 샌프란시스코와 전혀 어울리지 않는 생소한 광경이었지만, 다른 사람들은 그들에겐 전혀 관심 없이, 자기들의 산책과 이야기에 집중하고 있었다. 그리고 공원 잔디에 누워 잠을 자는 듯한 사람들까지. 시간에 쫓기지 않고 남들에게는 무관심한 채 편안하게 자기만의 휴식을 가지는 중이다.

"여행은 일상처럼, 일상은 여행처럼"

이런 말이 있지만, 일반적으로 여행은 굉장히 전투적으로, 목표한 곳들을 미션 클리어하듯이 해치워 가는 경우가 많다. 시간 대비 더욱 많은 것을 보아야 한다는 강박일지도 모른다. 하지만 시간이 지나면서 그렇게 클리어한 미션들은 기억에서 희미해진다. 내가 인터넷에서 본 장면인지, 아니면 내가 직접 본 장면인지 헷갈리기도 하고, 별반 다르지도 않다.

하지만 편안하게 긴 호흡으로 즐긴 곳이라면 그날의 바람 냄새, 햇빛, 사람들 말소리, 음식 냄새까지도 고스란히 내 몸과 마음에 배어들었을 것이다. 그리고 나의 평범한 하루에도 집중해 본다면 감동의 코드들을 여러 순간에 발견할 수도 있다. 내가 늘 차로 다니던 곳을 케이블카로 지나가면서 느꼈던 새로움처럼 말이다. 당신이 늘 걸었던 그 길을 이번엔 반대 방향으로 걸어 보면 어떨까. 숨어 있던 매력이 오늘 당신을 놀라게 할지도.

Ice Cream in San Francisco

Acrylic, 40.5×51cm, 2024

Highway 1

    내가 이곳 캘리포니아 산호세 지역에 살게 된 건 정말 행운이다. 초록이 가득한 동네로도 충분히 좋지만, 1시간 이내의 운전만으로 '미쳤다'를 연발하게 하는 산과 바다를 쉽게 만날 수 있다는 건 정말 감동이다.

    우리 집에서 280번 하이웨이를 타고 가다가 92번으로 산을 하나 넘으면 태평양과 맞닿은 바다가 눈앞에 펼쳐진다. 그곳이 Half Moon Bay. 그 1번 하이웨이를 타고 북쪽으로 올라가면 Montara Beach와 Pacifica를 지나 San Francisco에 도착한다. 그 사이사이로 숨은 보석 같은 수십 개의 비치를 찾아 보는 재미가 아주 그만이다.

하프문베이에서 남쪽으로 1번 하이웨이를 타면, 멋진 탑으로 솟은 바위를 볼 수 있는 Greyhound Rock, 우리가 사랑하는 자연산 홍합이 풀밭처럼 펼쳐진 Scott Creek Beach, 봄이면 해변이 온통 노오란 야생화로 뒤덮이는 Wilder Ranch State Park, 수백 마리 물개의 아름다운 합창을 들을 수 있는 Santa Cruz Boardwalk, 그림책 속 알록달록한 집들이 바닷가 풍경보다 더 이쁜 Seacliff State Beach, 해달과 수백 종의 새들이 서식하는 Moss Landing Beach, 하윤이가 특히나 사랑하는 바닷가와 아름다운 작은 갤러리들이 있는 Carmel-By-The Sea, 제주도의 주상절리를 연상케 하는 Point Lobos State Natural Reserve, 한 번도 못 가 본 사람은 있어도 한 번만 간 사람은 없다는, 바다, 산, 야생화 무엇 하나 빠지지 않는 우리 가족이 원탑으로 꼽는 Garrapata State Park, 절대 그냥 지나갈 수 없고 멈추어 그 절경을 무조건 카메라에 담아야 하는 Bixby Bridge, 부드럽고 아주 편안한 인상을 주는 Andrew Molera State Park, 깊은 숲속의 고요함 속에서 잠들 수 있는 캠핑의 맛이 제대로인 Pfeiffer Big Sur State Park, 산에서 바로 바다로 떨어지는 폭포 McWay Falls, 밀가루보다 더 뽀얗고 보드라운 모래사장이 있는 San Dollar Beach 그리고 Morro Bay와 Montana de Ore State Park를 지나고, 입 다물어지지 않는 뷰를 가진 Pismo Beach와 Santa Barbara를 거쳐 Los Angeles에 도착한다.

Santa Cruz
Acrylic, 40.6×50.8cm, 2022

Santa Cruz

그래도 외출하길 잘했다. 산타크루즈의 탁 트인 바다와 그 경계를 모를 하늘 앞에 서니 마음이 좀 풀린다.

그 바다를 즐기는 서퍼들을 보고 있으니, 인생 즐겁게 살아야지 싶다. 간밤에 심하게 냉랭한 우리 집 기운이 산타크루즈의 강렬한 햇빛으로 조금은 데워진 거 같다. 모두가 예민한 이 시기에, 하고 싶은 얘기를 반만 하는 현명한 지혜가 필요하다.

2018.01.28.

Monterey

17-mile drive는 정말 예술이었다.

초록 바다와 하늘을 만나는 순간, 가슴에 포카리스웨트를 마구 쏟아붓는 느낌이다. 히야~~~ Spanish bay의 모래는 얼마나 폭신폭신 보드랍던지. 아직도 발가락이 간질간질 기분 좋다.

따뜻한 햇볕은 우리를 행복하게 한다.

2018.02.03.

Monterey Bay Aquarium Acrylic, 30.4×60.8cm, 2022

San Carlos Beach, Monterey

해변에서 아기들은 물놀이로 신나고
Scuba Diving 하는 청춘들은 설레고
바다 멀리 노를 젓는 여유로움이 느껴지고
노년의 바닷가 산책길도 평화롭다.
물개들과 바닷새들도 햇볕에 몸을 쉬어 가고
우리도 이 바다를 보며 천천히 가는 삶을 연습한다.
인생이란,
익숙한 베스킨라빈스일 때도
낯선 Chili's일 때도 있는 법이니까.

2018.02.04.

Pillar Point Harbor

이렇게 리얼하게 펠리컨들이 낚시하는 것을 보다니... 놀라워라.
저 멀리 하늘을 날아와 집요하게 목표물을 찾고는, 아주 잽싸게 부리를 물에 꽂는다. 물에 앉으면 수면 위를 날개로 찰싹거리며 물고기들의 넋을 빼놓나 싶더니, 먹이 사냥을 위해 또다시 힘차게 날아오른다.
너무나 아름다운 광경에 한참 동안 눈을 뗄 수가 없었다.
우리는 그저 바닷가 그 길을 걷기만 했다. 아무 이야기 나누지 않아도, 같은 곳에 대한 추억을 공유할 수 있기에 충분하다. 오늘의 산책길은 참 좋은 기억이다. 그리고 너무나 푸르르던 하늘 냄새가 아직도 내 코끝에 남아 있다.

2019.09.08.

Dunes Beach

30분만 운전하면 이렇게 아름다운 바다를 만날 수 있다. 축복의 땅, 캘리포니아.

나의 하루에 감사하고 또 감사하자.

2020.03.07.

Four Mile Beach

바닷가 언덕 위에, 누군가 정성스럽게 가꾸어 둔 정원처럼 야생화 군락이 멋지게 펼쳐져 있다. 파도 소리에 맞춰 하늘거리는 꽃들 사이로 우리도 춤추듯 한참을 걸었다.

2020.05.30.

Carmel Beach

폭신한 밀가루에 한 발 한 발 꾸욱 누르듯 비치 모래 위를 걷는다. 새하얀 파도가 쫓아오면 아이는 까르르 뒷걸음하고, 또 물러나는 파도는 쪼르르 따라가기를 반복한다. 모래성을 만드는 꼬마들도, 연을 날리는 사람도, 파도로 힘차게 뛰어드는 강아지까지, 이곳은 너무도 평화롭다.

2021.04.10.

Yellow Beach

Acrylic, 45.5×61cm, 2020

Bixby Bridge
Acrylic, 30.5×40.5cm, 2019

멈추어 고민해도 답이 없음을 알기에

Devil's Slide Coastal Trail

뜨거웠던 한낮의 해가 저 바다에 스러져 가듯이, 우리의 가득한 근심도 함께 잠기어 담담해지기를.

2020.10.25.

Half Moon Bay

머리가 쨍하게 바람이 차다.
그렇게 내가 깨어남을 확인한다.

2020.11.22.

Point Lobos State Natural Reserve

Harbor Seal birthing Area. 나란히 누운 엄마와 아기의 모습을 한참 동안 넋 놓고 바라보았다. 자연은 우리에게 치유의 놀라운 은혜를 준다. 덕분에 우리는 세상 스트레스를 이곳에서 훌훌 놓아 버리고 가볍게 떠난다.

2021.03.27.

Julia Pfeiffer Burns State Park

아침 일찍 멀리멀리 나왔는데, 안개가 가득하고, 바다 뷰는 살짝 아쉽고, 산 트레일은 산불 위험으로 대부분 클로즈다. 그래도 차에서 듣는 음악도 좋고, 차에서 먹는 라면도 꿀맛이다. 작은 즐거움에 오늘도 감사한 주말이다.

2021.09.05.

Garrapata State Park

매번 1번 도로를 타고 빅서를 갈 때마다 바다 뷰에 감탄했지만, 한 번도 산에 오를 생각을 왜 못했을까. Sobranes Canyon Trail을 걷는 동안 입이 다물어지지가 않았다. 우리의 최애 스폿 요세미티와 견주어도 밀리지 않는 코스다. 정상에 올라 산 아래를 둘러보던 그 순간의 행복이란 말로다 표현이 안 된다. 하윤이의 무거운 발걸음을 토닥여 가며 올라온 보람에 뿌듯하더라. 또 오고 싶다는 하윤이와 곧 또 오리라.

2021.03.20.

오르는 길, 지천에 야생화가 흐드러지게 피었다. 꽃길을 걷는 발걸음이 얼마나 황송하던지. 그렇게 오른 Garrapata 정상은 구름이 하늘을 덮고, 강한 바람에 몸이 휘청거렸다. 오늘은 바다 뷰를 보지 못하나 보다 아쉬우려던 찰라, 구름이 움직인다. 발아래 드넓은 바다가 살짝 쿵 인사한다. 우린 참 행운이 따라다니는 패밀리구나.

일 년 만에 다시 찾은 이곳 트레일은 역시 우리의 최애 코스임을 확인했고, 작년과 다르게 투덜거림 전혀 없이 3시간 반 가뿐하게 산을 오른 하윤이는 패밀리 넘버원으로 인정받았다

2022.05.15.

한 번도 올라 보지 못한 사람은 있어도 한 번만 오르는 사람은 없다는, 이 풍경을 또또또 보고 싶어서, 턱 끝까지 차오르는 숨을 눌러 가며 정상에 올랐다. 그렇지 이 기분을 느끼고 싶었어.

2023.03.26.

Spanish Bay Beach 파도여, 나에게 오라. 내가 제대로 즐겨 주겠어. 아자!

2022.08.28.

Montara State Park

베이 지역에 살아서 좋은 점은, 집에서 1시간 이내에 산과 바다를 쉽게 만날 수 있다는 것이다. 두 시간만 쉬지 않고 업힐을 오른다면, 끝내주는 태평양 뷰가 바람을 타고 아주 시원하게 펼쳐진다. 그리고 또 두 시간 그 산을 내려와 바닷물에 발 담그면, 흘린 땀의 끈적함은 언제 그랬냐는 듯 사라지고, 얼음장 같은 알싸함으로 두 발의 피로가 씻긴다.
오늘도 우리는 이렇게 유유자적 베짱이 놀음에 흠뻑 빠졌다.

2023.09.02.

Andrew Molera State Park

우리는 밥 먹으러 산에 간다.
멋진 오션 뷰를 바라보고 앉으면
집 나갔던 입맛도 당장 돌아올 테고,
절대 집 나갈 일 없는 내 밥맛은 제대로 폭발이다.
맛있게 먹으면 0칼로리의 진리를 믿으며.

2023.09.10.

Scott Creek Beach

집 가까운 곳에 홍합 군락지가 있다는 걸 알고 얼마나 신났던지. 오늘 물이 가장 많이 빠지는 시간 오후 2시에 낚시 퍼밋이 있는 남편을 따라 나섰다. 홍합은 기대했던 것보다 훨씬 드넓게 펼쳐져 있었고, 10분여 만에 큰 봉지를 가득 채웠다. 쉽게 어디서든 살 수 있긴 하지만, 직접 홍합 따는 재미는 어디서도 살 수 없는 큰 즐거움이다.

2023.11.25.

힘들 때, 속상할 때, 외로울 때, 위로받으러 찾아가는 곳이 누구나 한두 곳쯤은 있다. 그곳이 교회나 성당일 수도 있고, 엄마의 집밥일 수도 있고, 지하철역 앞 포장마차일 수도 있다.

미국에 와 살면서 나는 늘 1번 하이웨이를 달리고 싶다. 해결되지 않는 고민으로 마음이 무거운 채 이곳에 오면 얼마 지나지 않아 언제 그랬냐는 듯 웃고 있는 나를 발견하게 된다. 분명 나는 외로웠는데, 이 길을 달리면서 느끼는 충만함으로 가득 찬다. 아무 일 없을 때도 이 길을 달리면 마음이 가쁜하고, 즐겁다. 신나는 음악 크게 틀고, 창문 열고 시원한 바람을 맞으면서 노래를 따라 부르면 세상을 다 가진 듯, 세상일 무엇도 별거 아닌 듯, 그저 좋다. 스러져 가는 노을과 함께 집으로 돌아오는 길에 나는 내일도 거뜬할 거라는 용기로 든든해진다.

우리는 태어남과 동시에 죽음을 향해 달려가는 가여운 인생을 산다. 그 짧은 시간 동안 무엇을 위해 우리는 아등바등 사는가. 물론 사는 데 최소한의 의식주를 해결할 수 있어야 한다는 걸 안다. 하지만 그다음은? 남들 앞에 후져 보이고 싶지 않아서 꾸미고 포장하는 데 에너지를 소모하고 있지 않은지. 멋진 삶과 후진 삶은 누가 정해 놓은 기준이 있지 않다. 그 멋짐과 후짐은 내가 정한다. 나는 그저 감사하며 살고 싶다. 나에게 오는 모든 순간에.

그리고 여기에 San Francisco 북쪽으로 4시간쯤 1번 하이웨이를 더 달려서 올라가면 만나는 Mendocino의 기록을 더한다. 레드우드 숲길 양옆으로 펼쳐진 와이너리 포도밭을 지나, 남쪽 Big Sur의 바다보다 더 가파른 바위 절벽과 그 아래로 더욱 세차게 부딪쳐 오는 파도, 더 알싸한 바람까지 나의 힐링의 정점을 찍는구나. 눈을 감고 그 길의 냄새들을 다시 떠올려 본다.

Mendocino

산등성이에 구름은 묵직하게 내려앉았고, 포도밭은 이미 짙은 브라운 컬러로 물들은 지 오래다. 레드우드 숲은 촉촉한 늦가을 비 덕분에 그 향기를 더 강하게 뿜어내고, 크릭의 물줄기는 모여모여 태평양 바다와 맞닿았다. 그 길을 달려 우리는 멘도시노에 도착한다. 나이스 투 미츄, 멘도시노.

Russian Gulch State Park

비치 트레일과 숲 트레일을 함께 즐길 수 있는 곳. 하얀 물보라를 일으키며 요란하게 철썩거리는 바다 소리도 좋고, 레드우드 숲속의 포근포근한 길도 걷기에 딱 좋다. 기분 좋게 잘 걸었다. 그리고 트레일에서 만난 예쁜 버섯들.
자꾸 발걸음을 멈추고 가만히 들여다보았더랬지. 두리번두리번 스머프 마을인가 싶어서ㅎㅎ

2021.11.06.

Glass Beach

바다에 떠돌던 유리병들이 부서져서 동글동글 투명한 조약돌로 모이는 곳이란다. 하윤이는 밀려오는 파도를 피해 가며, 보물찾기하듯 열심히 유리알과 조개껍질을 두 손 가득 모았다.

Waves
Acrylic, 20.3×25.4cm, 2020

Mendocino downtown

바닷가 작은 시골 마을이지만, 오랜 역사를 가진 동네라서 아주 볼거리가 많았다. 아침 산책길에 멀리 파도 소리를 배경음악 삼아 예쁜 집들을 보면서 골목길을 걷는 기분이 아주 좋다.

어제 저녁 우연히 들른 이탈리안 레스토랑 Luna Trattoria의 멘도시노 와인은 입안 가득 포도향이 가볍게 맴돌고, 오늘 Goodlife Cafe의 샌드위치와 커피도 엄지척이었다.

1861년에 Mr. Kelly가 지었다는 하우스는 160년 전의 시간을 그대로 간직한 뮤지엄으로 활용되고 있었다. 얼마나 아기자기하게 이쁜지, 하윤이가 이런 집에 살고 싶단다.

미국 와서 가장 보기 좋았던 것은, 이렇게 시골 마을이라도, 로컬 작가들의 작품을 전시하는 크고 작은 갤러리들이 마을 안에 가득하다는 것이다. 하윤이가 학교 졸업하고 나서, 작은 마을에 아틀리에를 열고 그림 그리며 동네 사람들과 나누며 살고 싶은 바람을 가져 보게 된다.

Point Arena Lighthouse

캘리포니아에서 가장 큰 높이를 자랑하는 라이트하우스라고 해서 꼭 가보고 싶었다. 안에 뮤지엄도 있다고 했다. 그러나 정작 입구에서 차를 돌렸다.

($15 입장료가 아깝기도 했고, 사실 나의 잘못된 정보로 $8 내고 들어간 state park에서 차를 돌려 나온 게 방금 전이라서, 이번엔 강하게 주장하지 못한 게 더 큰 이유이기도 하다.)

그저 멀리서 인증 사진만 한 장 남기고 돌아섰다.

2021.11.07.

Sunset_Moss Landing Beach

Acrylic, 45.7×60.9cm, 2023

Yosemite Falls
Acrylic, 61×30cm, 2021

멈추어 고민해도 답이 없음을 알기에

스티브 잡스가 요세미티를 너무 사랑해서, 그의 프로젝트 네임에 요세미티라는 단어를 많이 사용했단다. 요세미티는 스티브 잡스가 아니더라도 사랑하지 않을 수 없는 곳이다. 우리도 그 요세미티를 처음 본 순간부터 사랑에 빠졌다. 그리고 앞으로도 그 사랑에서 빠져나오는 건 불가능하다.

미국 사람들도 요세미티를 한번 가 보는 게 평생소원 중 하나라는데, 우리는 집에서 넉넉하게 5시간이면 요세미티에 닿을 수 있다는 게 얼마나 큰 행운인지 모른다. 5월 메모리얼 데이가 지나면 요세미티를 관통하는 티오가 패스가 열린다. 그 길을 달리다보면 세상 근심쯤은 훌훌 털어 버릴 수 있다.

한여름 수백 마리의 모기떼의 습격 때문에 5시간을 멈추지 않고 걸어야 하는 힘든 트레일이더라도 커시드럴 레이크 앞에 도착하면 잘 걸었다 싶고, 6시간 미스트 트레일을 걸어 네바다 폴 정상에 도착해서 물에 발 담그면 "여기가 천국이구나." 하고, "내 다리 내놔. 내 다리 내놔."를 나도 모르게 외치게 되는 스위치백 트레일을 피 맛 나게 올라 요세미티 폴에 서면 요세미티가 내 발아래 넙죽 엎드려 준다. 그리고 빙하 녹은 물로 만들어졌다는 끝 모르게 펼쳐진 티나야 레이크에 나란히 누우면 신선놀음이 따로 없.

3,300m 마운트 호프만에 오르던 그 순간의 기억은 요세미티의 최고봉이라 할 만하다. 2,000m쯤은 껌이던 우리 패밀리에게 3,000m가 넘는 높이는 정말 어려운 도전이었다. 열 발자국마다 멈춤이 필요했고, 가파른 경사는 나의 고소공포증을 자극했다. 하지만 결국 그 꼭대기에 올랐고, 스스로 얼마나 자랑스러웠는지 모른다.

이처럼 요세미티는 우리에게 트레일의 진정한 맛을 알게 했고, 걸으면 걸을수록 그 감동은 느슨해지지 않고, 차곡차곡 쌓여서 발뒤꿈치 간지러운 걷기 욕망을 마구 솟아나게 한다.

토욜 아침 4시에 김밥을 싸고, 5시 반에 집을 나섰다. 얼마 만에 멀리 떠나는 여행인가. 그 설렘은 여전히 처음인 듯 새롭고, 나는 소풍날 아침의 소녀처럼 마냥 들뜬다.

2020.06.22.

Nevada Falls, Yosemite

네바다 폴 인 요세미티! 4시간을 걸어서 드디어 하늘 아래에 올랐다. 그 뷰는 너무나 놀라워 입을 다물 수가 없다. "판타스틱"이라는 단어는 이런 곳에 쓰라고 만들었구나. 이 자리에 설 수 있어 영광이랄 수밖에. 새벽부터 서 둔 보람이다. 몸을 혹사시키고 얻은 희열, 이 맛에 산에 오르는 거지. 코로나19로 모두가 힘든 요즘이지만, 멀지 않은 곳에 요세미티가 있어서 참 다행이다.

The Tioga Road.

요세미티를 가로지르는 티오가 로드. 제주도의 비자림로를 달리는 기분과 요세미티 전체를 내려다보는 전망대 뷰를 2시간 넘게 즐길 수 있다. 차창을 활짝 열고 음악 볼륨을 최상으로 올리고 달려달려~ 이곳이 바로 지상 낙원이로소이다.

Olmstead Point

내가 알던 요세미티는 겨우 코끼리의 꼬리 끄트머리쯤이었나 보다. 카메라 앵글로는 충분히 담을 수 없는 거대한 자연 앞에 나는 순간 정지되었다. 요세미티를 내려다보는 이곳의 조망은 요세미티에 대한 나의 편견을 제대로 깨주었다. 겸손하거라 ㅎㅎ

Lake Tenaya

일욜 아침 일찍 티나야 레이크 트레일을 걸을 계획이었으나, 예상하지 않은 걸림돌에 부딪혔다. 남편이 왼쪽 발목을 삐끗했고, 설상가상으로 엄청나게 많은 모기의 공격은 우리가 편안하게 걷는 것을 불가능하게 했다. 트레일을 중도에 포기하고, 호수에서 점심을 먹고 한참을 쉬었다. 이 높은 곳에 이렇게 넓은 호수가 자리하고 있다는 건 놀라운 자연의 신비로움이다. 또한 차선책이 주는 감동은 여행의 묘미이다.

May Lake

2,000m쯤 되는 높이에 넓은 호수가 자리하고 있다. So Cool! 메이 레이크. 얼음이 녹은 물은 식수로 사용되기 때문에 수영을 금지할 만큼 투명하다. 한여름 뜨거운 햇살 아래, 호수 주변에 다 녹지 않은 눈은 우리에게 신기한 놀거리를 주었다ㅎ

요세미티는 구석구석 다양한 보물들이 숨어 있다. 아마도 곧 또 다른 보물찾기를 하러 이곳에 올 것 같다는 생각이 든다.

Yosemite Creek

남편은 늘 집을 나설 때 차에 낚싯대를 싣는다. 올해는 일찌감치 낚시 퍼밋도 구입했다. 난 무슨 재미로 낚시하는지 전혀 모르지만, 남편은 가는 곳마다 낚싯대를 던질 만한 곳이 없나 매의 눈으로 살핀다. 그리고 이번엔 요세미티 크릭을 골랐다. 기대하지 않은 물고기가 너무 일찍 걸려드는 바람에 남편은 흥분하다가 결국 놓쳤다ㅋ 그리고 그 후로 한 시간을 아무 입질 없이 낚싯대는 허공으로 들락날락했다. 하지만 그 덕분에 하윤이는 계곡 얼음물 속에서 원 없이 놀았다. 잘 쉬다 갑니다.

Tunnel View 1_Yosemite

Acrylic, 30.4×60.8cm, 2020

Tunnel View 2_Yosemite

Acrylic, 30.4×60.8cm, 2023

Taft Point_Yosemite

요세미티에 단 하루밖에 갈 수 없다면, 무조건 Taft point를 지나 Sentinel Dome을 돌아오는 루프 트레일을 강추한다. 요세미티 밸리와 요세미티 폴이 한눈에 들어온다. 벼랑 끝 낭떠러지 앞에서도 겅중겅중 뛰어다니는 하윤이를 보는 것만으로도 내 다리는 후덜거린다. 하지만 입이 다물어지지 않는 그 풍경은 절대 포기할 수 없다.

Sentinel Dome_Yosemite

Taft point에서 Sentinel Dome으로 가는 트레일은, 아직 눈 때문에 걷기 쉽지 않았지만, 하늘 아래 펼쳐진 그림 같은 요세미티는 우리의 걸음을 멈추지 못하게 한다. Sentinel Dome에서 보는 하프 돔은 손을 뻗으면 잡힐 듯이 가깝고, 그 옆으로 네바다 폴이 여전히 건재함을 보여 주고 있다. 어제 오늘 이틀을 열심히 걸은 탓에 발바닥은 불이 나고 무릎도 시큰거리지만, 넘나 판타스틱한 요세미티 덕에 뿌듯한 주말이다.

2021.05.02.

Cathedral Lake_ Yosemite

토욜 트레일 걷기는 쉽지 않았다. 어젯밤 겨우 세 시간 자고 와서인지, 요세미티 입구에서 너무 오랜 정체로 지쳤는지, 2,920m 라는 고도 때문인지 모르지만 시작부터 우리는 천천히 걷기로 했다. 하지만 무엇보다 모기떼의 공격은 모기 스프레이 2통을 다 쓰고도 전혀 막아 내지 못했다. 그래서 우리는 5시간 30분을 걷는 동안 잠깐도 앉아서 쉴 수가 없었다. 하지만 마지막에 만난 Cathedral Lake 풍경이 놀랍도록 아름다워서… 좋았던 날로 기억하기로 한다.

2021.06.12.

Cathedral Peak_Yosemite

Acrylic, 55.8×71.1cm, 2022

Gull Lake

Tioga Pass Entrance로 나가니 Inyo National Forest가 우리를 기다리고 있었다. 그중에서 우리가 숙소로 정한 곳이 바로 Gull Lake 바로 앞. 이른 아침 산책길에 만난 아름다운 호수 풍경이 좋다 좋다 좋다 너무 좋다.

동네 이름(June Lake)까지 레이크인 걸 보면, 얼마나 레이크가 많을지 짐작 가능하다ㅎ 크고 작은 레이크에 배를 띄우고 송어를 낚는 강태공들의 망중한이 평화롭기 그지없더라. 물 한 번 보고, 산 한 번 보고, 하늘 한 번 올려다보기를 반복하다 보면, 이런들 어떠하리 저런들 어떠하리. 시 한 구절쯤 자연스럽게 읊어지겠지.

Lembert Dome

어제의 피로가 가시지 않아 오늘은 트레일 걷기를 일찌감치 접었다. 더구나 모기떼의 공격은 또다시 경험하고 싶지 않다. 그래도 점심은 멋진 뷰 맛집에서 하려고 Lembert Dome 앞 피크닉 테이블에 자리를 잡았다. 배를 채우고 나니 그냥 가기 아쉬워 몇 걸음만 올라 보기로 했다. 그런데 어쩔. 이렇게 아름다운 풍경을 코앞에 두고 안 보고 갔다면 두고두고 아쉬울 뻔했다. 잠깐 눈요기로 행복 충전하고 우리는 떠난다.

2021.06.13.

Dog Lake_Yosemite

가파른 트레일을 투덜투덜 헐떡헐떡 올라가던 하윤이가 비로소 "와~~~~~" 한다. 하늘 아래 펼쳐진 Dog Lake는 포근한 엄마의 품처럼 어서 와서 쉬어 가라며 우리를 나무 그늘 아래로 끌어당긴다. 아무 생각 없이 호수만 바라보았다. 호수에 잠긴 하늘만 바라보았다. 그렇게 한참을 보내고 우리는 내려온다.

2021.07.05.

Mariposa Grove

자이언트 세콰이어 앞에 선 우리는 너무나도 작다. 숲속을 휘감아 도는 바람이 내 귀에 속삭인다.
자연 앞에 인생 앞에 겸손하라고. 쏴아~ 쏴아~ 쏴아~

2021.10.17.

여기는 아직 겨울이 한창이다. 쨍하게 맑은 하늘과 코끝에 차갑게 달라붙는 들숨이, 내 머리를 맑게 한다.
애드빌로도 별 효과 없던 두통이 사르르 녹아 버렸다.

2022.03.06.

달콤한 눈 세상 속 아이들의 웃음소리가 더 달다. 삶이 매일 이렇게 즐겁기만 하다면 얼마나 좋을까. 즐겁게 위해서는 나의 애씀 필요하다.
문득 깨닫는다. 애써서 애써 보자.

Sledging in the snow
Watercolor, 50.8×40.6cm, 2022

멈추어 고민해도 답이 없음을 알기에

드디어 Yosemite Falls 정상을 찍었다. 트레일 시작부터 3시간 동안 가파른 바윗길을 쉬지 않고 올랐다. 마지막 10분은 정말 다리가 후덜덜하고 입에서 피 맛 나는 거 같은, 하지만 그만한 가치가 충분한 뷰가 그곳에 있었다. 요세미티 전체가 내 발 아래 있다. 이야 정말 최고다. 이렇게 아름다울 수가. 이제는 어디도 못 오를 곳이 없을 것 같은 자신감이 가득 차오르는 순간이다.

아침 운전 4시간, 트레일 6시간, 어렵게 예약은 했으나 텐트 한 번 펴 보지 못하고 저녁 끼니만 해결한 Camp 4에서 1시간 반, 그리고 우리는 집으로 돌아간다. 저녁 운전 4시간을 하는 중인 남편, 땡큐.

2022.06.04.

Mt. Hoffman

2,800m의 May Lake가 너무 쉬워서 3,300m Mt. Hoffman도 할 만할 줄 알았다. 그러나 3,000m가 넘어가니 열 발자국 걷기도 쉽지 않았다. 심지어 급경사의 바위산에서 미끄러지지 않으려고 온몸에 힘을 잔뜩 주었더니, 걷는 속도가 너무도 더디었다. 6마일밖에 되지 않아서 3시간 정도 예상한 트레일이었는데, 그 두 배인 6시간이 걸린 걸 보면 얼마나 힘든 코스였는지 알 만하지.

마지막 봉우리에서는 거의 네 발로 기어올랐다. 혼자였으면 중간에 포기했을 그 마지막 고비에서, 하윤이가 보였다. 내가 멈추면 동시에 그만둘 그 아이가 끝까지 올라서 성취감을 느끼게 해 주고 싶었다. 남편이 날 어떻게든 살게 하겠지 하면서 한 발짝 앞만 보고 오르니 정상이네. 비로소 하윤이도 웃고, 온 가족이 웃는다. 그렇게 우리는 요세미티 픽 하나를 또 발아래 둔다. 멀리 저 아래서 하프 돔이 우리를 우러러보고 있네.
우영우라면… 이럴 때 "뿌! 듯! 함!"을 외쳤겠지.

2022.08.21.

Tenaya Lake

어제는 산에서 힘들었으니, 오늘은 호수에서 릴렉스 릴렉스.
수영복이 없어서 젖은 옷은 무겁고, 바람은 서늘하고 물은 차고, 오들오들 닭살 돋은 몸을 뜨끈한 바위에 누워 말린다. 신선놀음이 따로 없군.
에너지 충전 풀로 했으니, 월욜부터 학교생활도 즐겁게 해 보자구.

2022.08.21.

Lake Tahoe

Lake Tahoe Acrylic, 20.3×60.9cm, 2018

　우리가 트레일로 가장 사랑하는 곳이 요세미티라면, 그다음으로는 레이크 타호를 손꼽을 수 있다. 우리 집을 기준으로 동쪽으로 4시간 떨어진 곳에 요세미티가 있다면, 레이크 타호는 북동쪽으로 4시간쯤 떨어져 있다. 타호는 사계절 중 어느 때도 좋고, 일상이 피로할 때면 늘 가고 싶은 우리의 힐링 스폿이다.

　봄가을엔 트레일을 걷고, 여름엔 호수에서 패들보드를 타고, 겨울엔 역시 스키다. 무엇보다도 레이크 타호에서의 캠핑은 절대 잊을 수 없는 감동이다. 더불어 캠핑 중에 만나는 곰은 이제 너무 친숙해서 안 만나고 돌아오는 날은 아쉽기까지 하다.

South Lake Tahoe

며칠을 편두통에 힘들었다. 여행 날짜가 오늘인데, 나는 어제 아무것도 준비하지 못한 채 아주 일찍 기절 취침을 했고, 오늘 아침에도 겨우 눈만 떴다. 무엇을 가방에 챙겼는지, 점심 도시락은 어떻게 쌌는지 기억도 없다. 온 집 안을 홀딱 뒤집어 놓고, 차에 몸만 실었다. 타이레놀로 겨우 정신 챙기고 에메랄드 베이 뷰 트레일을 출발했다.

30분쯤 업힐을 쉼 없이 걸었을까. 그제야 몸이 살아나는 느낌이다. 그렇게 2시간 가파른 업힐을 오르니, 타호가 내 발 아래 짜잔 하고 나타났다. 이런 감동을 느끼려고 우리가 걸은 게지. 두 눈에 그리고 마음 깊은 곳에 가득 담아 가리다. Maggies Peaks.

2021.10.02.

Chimney Beach, 오늘은 비치 트레일

투명한 청록색 바다가 어서 어서 들어오라 유혹한다. 워워워~ 내년 여름에 패들보드 장착하고 꼭 다시 방문하리라. 이 트레일의 묘미는 곳곳에 숨은 누드 비치. No Kids. No Clothes.

2021.10.03.

Lake Tahoe_Marlette Lake Trail

오늘 타호는 아주 끝내주는 날씨다. 어젯밤 내린 비 덕분인지 하늘은 더더욱 새파랗고, 물은 찐한 청록색을 뿜어낸다. 그 가운데를 가로지르는 초록 산에 여전히 건재한 흰 눈은 하늘 구름이 내려앉아 쉬어 가는 모양새다. 이럴 때 장관이라고 하는 거지.

Lake Tahoe를 배경 삼아 우리는 산을 오른다. 산꼭대기, 하늘과 맞닿은 그곳에는 깊고 고요한 호수가 기다리고 있다. 드넓은 호수에서 망중한을 즐기는 오리 한 쌍을 보며, 우리도 꿀맛 도시락으로 한참을 쉬어 간다.

South Lake Tahoe_Cascade Falls Trail

봄 한철만 멋진 폭포를 볼 수 있다고 해서... 오늘의 픽은 캐스케이드 폴.
멀리에서 보이는 폭포의 모습이 넘 근사해서 급하게 서둘렀다. 그러나 정작 폭포 앞에 서니, 폭포의 모습을 제대로 보기 어려웠다. 코끼리의 한쪽 다리만 본 느낌이랄까. 아니 엉덩이만일 수도.
미치게 이루고 싶은 것, 미치게 가지고 싶은 것을 정작 내 손에 넣었을 때, 우리는 그 가치를 제대로 느끼지 못하는 경우가 자주 있다. 그게 뭐라고 가지지 못하면 죽을 것처럼 나는 이렇게 매달리고 매달렸던가. 허탈한 순간이다.

폭포 앞에서 주춤했다가 문득 뒤돌아보니 내가 걸어 올라온 아름다운 길과 호수와 하늘이 있다. 우리가 목표한 곳을 향해 힘들게 걷기만 하지 말고 달리려고 하지 말고 가끔은 멈추어 뒤돌아보기를. 그 멈춤은 퇴보가 아니라, 내가 선 자리가, 내가 걸어온 그 발자취가 얼마나 귀하고 소중한지 알게 할 것이다. 나의 친구들. 지금 이 순간. 그 자리에 멈추어 서라. 그리고 내가 지나온 시간을 거슬러 가 보라. 그리고 칭찬하라. 나 너무 애썼다. 잘 살고 있다.

2022.05.30.

Donner Lake

지난겨울, Achieve Tahoe 스키 프로그램을 하윤이가 아주 좋아했다. 그래서 이번 여름 프로그램 예약이 시작되기를 손꼽아 기다리다가 오픈과 동시에 바로 신청했다. 오늘이 바로 Donner Lake Sierra Summer Sports Day! 원래 계획은 하윤이만 내려 주고, 남편과 나는 트레일을 걸을 예정이었으나, 새로운 장소, 새로운 사람들 그리고 몸에 너무 꽉 끼어 불편한 슈트까지, 하윤이의 예민함이 극에 달해 짜증이 폭발한다. 우리는 결국 눌러앉았다.

하지만 그것도 잠시, 물 사랑은 누구에게도 지지 않는 하윤이는 곧 표정이 차분해지고, 웃음과 내적 댄스를 마구 뿜어낸다. 다행이다. 패들보드, 카약, 워터 튜빙, 제트스키 등 모두 재밌단다. 앞으로는 수영 말고도, 물에서 할 수 있는 액티비티가 다양해져서 내가 괜히 뿌듯하다.
나무 그늘 아래 앉아, 하늘과 맞닿아 너무나 푸르른 레이크를 보고 있으니, 트레일을 걷지 못한 아쉬움쯤은 사라진 지 오래다.

2023.06.25.

물 공포심 때문에 물에서 하는 어떤 액티비티도 나는 절대 해 본 적이 없는데, 여기 Sugar Pine Point State Park에서 Free guided kayak tours가 있다기에 눈 질끈 감고 도전했다.
안 했으면 어쩔 뻔. Lake Tahoe의 드넓은 물 위에 내 몸을 맡기고 멀리 아직도 눈 쌓인 산 뷰를 보는 재미가 아주 환상적이다. 그리고 어제 배운 하윤이의 카약 스킬은 제법 쓸 만했다. 앞으로도 쭉 나는 하윤이에게 의지하고 갈 예정이다.

2023.06.26.

Donner Lake
Pastel, 40.6×50.8cm, 2024

Mount Tallac

10마일 트레일. 쉽지 않을 거라 예상하고 산을 오르기 시작했다. 여기가 정상이면 얼마나 좋을까 생각한 포인트를 몇 번이나 지나고 나서야 써밋에 도착했다. 출발한 지 4시간 30분. 딱 그때다.

이거 안 보고 중간에 멈췄으면 얼마나 후회했을까 하는 타호의 하늘이 우리의 발 아래 펼쳐진다. 아름다움에 입을 다물 수가 없다. 이렇게 멋진 풍경을 손으로 빚으시고 나서, 높으신 그분도 얼마나 뿌듯하셨을까. 그 하늘과 산과 물을 바라보며 먹는 점심은 어느 호사스러운 레스토랑보다 고급지다. 몇 번의 고비에도 기특하게 멈추지 않고 힘을 내 준 내 두 무릎에 쓰담쓰담 칭찬을 날려 주었다.

이제는 하산길, 하늘만 보고 올라오느라 못 봤던 타호의 물빛을 실컷 봐 주리라 마음이 들떴다. 그때부터 하늘에 먹구름이 가득 차더니 강력한 번개가 레이크를 향해 번쩍 내리꽂는다. 움찔하면서도 신비로운 풍경에 짜릿하다. 하지만 그것도 순간이고, 빗방울이 떨어지더니 금세 우박이 되어 온몸을 때린다. 돌팔매질이 멈추질 않는다. 너무 아파서 몸이 조금씩조금씩 움츠러든다. 강력한 빗줄기가 머리부터 신발 속 발가락 끝까지 구석구석 뚫고 들어온다. 온몸이 얼어 간다.

아 이렇게 산에서 죽을 수도 있겠구나 하는 생각에 정신이 번쩍 난다. 풍경 그딴 게 뭔지 쳐다볼 새도 없이, 잠깐도 멈추지 않고 발 디딜 곳만 보며 3시간을 열심히 걸었다. 마침내 주차장이 보이고, 해가 뜨고, 다행히 해피 엔딩이다, 8시간의 산행 동안 우리는 인생의 희노애락을 몰아서 본 기분이다. 고생 끝에 낙이 있구나 알게 하더니, 좋은 순간이 영원할 것 같지만 사라지는 건 순간이라는군. 내가 노력한 대로, 예상하는 대로 흘러가는 인생은 없다. 오늘도 자연에서 겸손함을 배웠고, 감동과 감사로 내 시간들을 아름답게 만들고 싶을 뿐이다.

등산길에는 우리 패밀리 원탑의 체력을 보여 주더니, 위험했던 하산길에도 무섭고 힘들었을 텐데 꾹 참고 씩씩하게 걸어 준 하윤이, 칭찬해, 칭찬해. 역시 어덜트답더라. (하윤이가 생각하는 최고의 칭찬임ㅋ)

2023.08.19.

Sierra-at-Tahoe

우연히 하윤이를 발견했다. 야광 오렌지색 팬츠는 훌륭한 초이스였던 걸로. 지도에 펼쳐진 다양한 루트로 이 겨울 산을 탐험한다는 건 정말 짜릿한 경험일 거라 추측해 볼 수밖에ㅋㅋ

(내가 리프트만 타도 심장이 터질 거 같은 심각한 고소공포증을 가졌다는건 안 비밀)

안 타고 싶은 걸 하나도 안 숨기고 얼굴에 백퍼 티 내는 남편을 모르쇠로 딸과 함께 올려 보냈다.

하윤이가 이 겨울을 아름답게 기억할 수만 있다면, 나는 눈치 제로 와이프ing 남편! 땡큐!!!

2020.01.19.

Skiing in Tahoe

Acrylic, 40.6×30.5cm, 2019

North Lake Tahoe

뽀독뽀독 뽀도독 눈길을 걸어 산 하나를 넘었더니, 하늘보다 찌이인한 푸른 물 가득한 레이크 타호가 기다리고 있다. 우리 왔다 가노라 눈사람을 세워 두고 돌아왔다.

2022.12.28.

23-24 스키 시즌 시작! at Palisades Tahoe

하윤: 아빠가 너무 불쌍했어요. 아빠가 크게 넘어져서, 안경도 부러지고 폴대 줄도 끊어졌어요.

아빠: ....

늦은 아빠는, 스키 타고 싶어 하는 하윤이를 위해 올겨울도 최선을 다할 예정... 이었으나, 다음 날 여기저기 빙판 구간이 많아 스키 타는 데 여전히 어려움이 있었고, 리프트 자리가 불편했다며 하윤이는 짜증이다.

살살 달래던 아빠는 결국 성공 못 하고, 더 이상 스키는 타지 말자고 한다. 그래도 겨울에 스키 안 타면 섭섭하지. 엄마 없이 하윤이와 아빠 둘만의 시간인데, 아름답게 만들어 보라구. 엄마는 잠시 빠져 줄 테니.

2023.12.22.~2023.12.23.

Snow in Tahoe 1
Acrylics, 30.4×30.4cm, 2019

Snow in Tahoe 2
Acrylic, 30.4×40.5cm, 2019

Alpine Meadows

어제 우리 동네도 날씨가 좋지 않았다. 비가 장난 아니었다. 그리고 타호 지역에 Winter Storm이 있다고 해서 마음의 준비를 단단히 하고 출발했다.

오후 6시 반쯤이었을까. 도착까지 2시간 남았다고 구글 맵이 알려 준다. 잠시 후 트럭은 80번 도로를 지나갈 수 없다고 막았다. 우리 차는 SUV니까 통과ㅎ 웬걸. 80번 도로가 클로즈됐다. 차들은 우회도로와 20번 도로를 거쳐 다시 80번 도로와 만났다. 내리막과 오르막, 커브 길을 반복하며, 앞을 가리는 폭설을 사이로 조심조심 온 정신을 집중했다. 그러는 중에 시간은 두 시간이 흘렀으나, 여전히 남은 시간은 2시간이란다. 운전을 해도 해도 남은 2시간은 줄지가 않는다. 우리는 2시간 지옥에 빠졌다.

그리고 다시 합류한 80번 도로에서 모든 차가 멈췄다. 아마도 날씨가 너무 안 좋아 차량을 통제한 듯싶었다. 이제는 앞으로 나가지도 못하고 뒤로 돌아가지도 못하고 그냥 도로에 갇힌 거다. 우리는 차 안에서 발 동동인데, 다른 차들에서 사람들이 내리더니 건너편 차들과 이야기를 나눈다. 인시던트가 아닌 해프닝으로 상황을 즐기는 이 나라 사람들을 볼 때마다 난 아직도 신기하다. 배우고 싶은 여유로움이다. 1시간 반쯤 흘러 10시가 넘으니 다시 차들이 조금씩 움직이기 시작했다. 4륜구동 차였는데도, 갓길에서 스노우 체인을 설치 중인 다른 차들을 보니 괜히 더 불안해서 온몸에 힘이 들어간다. 난 그저 조수석에 앉아 있는데도 머리가 쭈뼛하고 서는데, 운전하는 남편은 더 긴장될 듯하여 조용히 찌그러져 있게 된다. 나였다면 더 이상 운전 못 하고 갓길에 차를 세우고 밤을 새웠을지도 모른다.

우리가 예상한 최고의 난코스 Donner Lake Vista Point를 다 내려오고는 좀 운전이 편해질 줄 알았다. 뜨악... 그때부터 1시간 최악의 운전이었다. 눈이 그렇게 많이 올 수가 없다. 눈이 빠질 것처럼 몽롱하고, 어지러워서 토 나올 것 같은 백 년 같은 1시간이었다. 블랙홀로 빨려 들어가는 기분이 이렇지 않을까. 그렇게 우리는 어제 집 떠난 지 10시간 만에 숙소에 도착했고, 오늘 스키를 타는 하윤이는 그저 좋단다. 신난다 신나ㅋㅋ

2024.03.30.

Palisade Tahoe

오늘 날씨는 아주 딱 좋았음.
하윤이도 간만에 아주 즐거웠음.
그리고... 앞으로 '스키'는 우리 집 금기어가 될 듯함.
(이미 늙은 아부지는 다음 스키 시즌엔 더 늙어질 테니....)

2024.03.31.

멈추어 고민해도 답이 없음을 알기에

멀리서 보면 늘 안정적이고 좋아 보여도, 막상 깊이 들여다보면 수만 가지 이유로 속상하고, 서운하고, 화나는 일들이 가득하다. 내가 계획한 대로 절대 되지 않고, 가족이지만 내 맘 같지 않고, 나 또한 가족들에게 상처 주는 일들도 많다. 하지만 숨 한번 깊이 고르고 생각해 보면, 무엇이 그리 중요할까, 내가 정한 목표를 이루기 위해 앞으로 전진만 해서 이룬 결과가 얼마나 가치 있을까 싶다.

나는 산에 오를 때면 무조건 써밋에 도착하기 위해 걸었다. 중간에 잠깐 멈추어 물로 목을 축이는 것 아니면, 멈추지 않고 걸어서 정상에 도착했을 때 비로소 주변 경치를 둘러보고 웃을 수 있었다. 하지만 결과만 좋으면 되는 것이 아니라, 그 지나는 순간순간에 멈추지 않으면 못 보고 지나치게 되는 것들이 많다는 것을 이제는 안다. 산을 오르는 길에서만 눈에 담을 수 있는 풍경과 산에 올라섰을 때, 그리고 내려오는 길에 만나는 풍경은 모두 다르고, 그 느낌은 그 순간에만 느낄 수 있는 특별함이다.

하윤이는 늘 겨울이면 스키를 타고 싶어 했지만, 나는 스키를 전혀 타지 못해서 (스키뿐만 아니라 대부분의 운동을 할 수 있는 게 없어서) 아빠가 나서 주어야지 가능한 일정이었다. 하지만 남편은 스키를 함께 탈 때 한 번도 즐거웠던 적이 없다. 그래서 나는 늘 서운했지만, 어떻게든 남편이 하윤이와 스키를 탈 수 있도록 상황을 서포트하느라 전전긍긍했다. 이번이 마지막 스키겠구나, 올해가 지나면 못 타겠구나, 했지만 그렇게 한 해, 한 해 스키를 타지 않고 지나간 겨울이 없더라. (물론 코로나 시즌은 쉬었다.) 세월의 중력을 이겨 가며 나름 애쓴 남편의 노고가 없었으면 안 될 일이었음을 인정해야겠다. 또 그 시간이 쌓여서 하윤이와 아빠의 겨울 추억도 고스란히 남을 테니 감사한 일이다.

하윤이는 여행 중에도 늘 센서리 문제를 안고 있다. 신발 속으로 들어오는 모래 몇 알의 촉감에도 예민해지고, 조여 오는 바디슈트에도 과하게 힘들어하고, 주변 사람들의 소음에도 쉽게 자극받는다. 우리가 잊고 있을 만하면 한 번씩 기억을 되살려 주곤 한다. 별것도 아닌 일에 너무 예민한 거 아니야? 우리도 순간 짜증이 났다가도, 하윤이도 본인을 컨트롤할 수 없는 어려움임을 다시 한번 깨닫게 된다. 그리고 생활 속에서 센서리 문제를 해결하기 위해 온힘으로 애쓰고 있는 하윤이가 안쓰러워지곤 한다.

이런 모든 일들은 우리 가족이 함께 보내는 시간 안에서 우리끼리만 공유할 수 있는 귀한 경험임을 안다. 번개와 비바람 그리고 우박까지 우리를 공포로 몰아넣었던 8시간 Mt. Tallac 트레일을 걸었던 그날, 우리는 우리가 함께할 수 있어서 얼마나 감사했는지 모른다.

여전히 남편은 든든하게 우리 앞을 걸었고, 하윤이는 어느새 어른으로 쑥 자라 있었다. 세상 어떤 일도 우리가 계획할 수 없고, 특히나 변화무쌍한 자연 앞에 우리는 무엇도 예상할 수 없다. 우리는 그저 우리가 만나는 순간에, 화나면 화내고, 서운하면 서운해하고, 기쁘면 기뻐하고, 신나면 신나 하고 그렇게 그 순간들을 있는 그대로 느끼면 된다. 그것들은 차곡차곡 쌓여 우리의 아름다운 인생이 될 테니까.

Snow in Tahoe 3

Acrylic, 30.4×40.5cm, 2019

Winter Tahoe
iPad drawing, 2023

멈추어 고민해도 답이 없음을 알기에

Yellowstone

    코로나의 한 중심이었던 2020년 여름, 우리는 와이오밍주의 옐로스톤으로 긴 로드 트립을 떠났다. 코로나가 아니었다면 분명 비행기를 타고 갔을 텐데, 가까이 지나가는 사람만 만나도 두렵던 시절이라 직접 차를 운전해서 가는 것이 가장 안전한 방법이었다.

    우리는 여행하는 일주일을 위해 만반의 준비를 하고 출발했다. 음식은 물론이고 물 한 병도 중간에 멈추어 사는 법이 없었다. 힘들 거라는 예상과는 달리, 캘리포니아, 네바다, 아이다호, 몬타나, 와이오밍까지 5개 주를 거친 로드 트립은 아주 흥미진진했다. 미국의 주 경계는 그저 시루떡 자르듯이 만들어진 걸로 아는데, 그럼에도 불구하고 주를 건널 때마다 희한하게 주변 풍경이 달라진다. 대부분 사막이었지만, 그 사막마저도 같지 않았다. 우리가 비행기로 날아갔더라면 절대 몰랐을 16시간의 사막 횡단이었다.

또한 평소라면 전 세계에서 몰려드는 관광객 때문에 옐로스톤은 발 디딜 틈이 없었겠지만, 우리가 여행한 2020년 여름에는 차도 많지 않고 사람도 많지 않아서 정말 여유롭게 우리만의 세상인 양 즐길 수 있었다. 우리는 코로나의 수혜자였다.

*Highway 80 East*를 7시간 넘게 운전해서 네바다주를 건넜다. 온통 광활한 사막 풍경이 우리를 압도한다.
에피소드 하나! 모래와 뜨거운 바람 한가운데에 prison area가 있었다. 멀리 담장 높은 교도소가 보이고, 히치하이킹을 금지한다는 표지판도 보인다. 아마도 감옥 수감자들의 탈출에 이용될까 염려한 것이겠지.
에피소드 둘! 차에 있는 크루즈 모드를 처음 사용해 봤다. 80마일을 세팅하고 발을 떼니 자동이다. 3, 4시간 운전쯤은 힘들지 않게 할 만하다ㅎㅎㅎ

Nevada_Idaho Border.
아이다호 경계를 넘자, 오후 4시가 오후 5시로 시간이 바뀐다.

(*네바다주 표지판은 큰 트럭이 가리는 바람에 인증 샷을 못 찍고 지나쳤다. 얼마나 아깝던지. 아이다호는 꼭 찍을 테다, 벼르고 벼르다가 드디어 조우ㅎ 웬걸~ 이번엔 하윤이가 쿨쿨 취침 중. 하윤이 대신 내 얼굴이라도 일단 찍.)

Perrine Bridge Overlook
A-M-A-Z-I-N-G

트윈 폴스의 스네이크 리버 위로 페린 브릿지가 있다. 이 강물을 끌어다 농사를 지어 성공한 페린을 기념하여 지은 다리란다. 넘 재밌는 배경 스토리를 듣고 나니, 다리에 더 정감이 간다.

Shoshone Falls

'작은 나이아가라'라는 별칭에 마음이 솔깃하여, 긴 드라이브로 지친 가족들을 어르고 달래서 찾아간 소손 폴. 심지어 입장료 $5도 냈건만... 애개개 이게 뭐야? 나쁘진 않았지만, 요세미티의 거대한 네바다 폴 기억이 생생한지라 소손 폴은 그냥 그랬다. 심지어 저녁 7시 기온이 95도. 감동할 상황이 전혀 되지 못했다.

2020.07.26.

Targhee National Forest

옐로스톤에 진입하기 전, 국유림 지역을 만난다. 빽빽한 파인트리들 사이로 널찍한 강물이 흐르고, 그 강물에 몸 담그고 플라잉 낚시를 하는 강태공들이 여럿 보인다. 나는 이런 장면을 만날 때면 늘, 어린 시절 보았던 영화 <흐르는 강물처럼>의 브래드 피트를 떠올린다.

Idaho_Montana Border Hwy 20.
Welcome to MONTANA

드디어 몬타나. 이제 코앞까지 왔다. 떨려 떨려 마구 떨려.

2020.07.27.

Yellowstone National Park

옐. 로. 스. 톤. 드디어 왔구나. 비행기를 못 타면 절대 올 수 없을 거라 생각했는데, 차로도 가능하더라. 첫날 12시간 운전 + 둘째 날 4시간 운전 = 16시간 걸려 온 곳. West entrance에서 만난 저 표지판이 얼마나 반갑던지.

Madison River

8자 모양으로 생긴 옐로스톤의 메인 드라이브 길을 따라 계속해서 강줄기가 함께한다. (west entrance로 들어가면 Madisonriver가 우리를 친절하게 안내한다.) 얼마나 평안하던지. 강물을 따라 드라이브만 해도 내 마음에 위로가 된다.

Lower Geyser Basin. Fountain Paint Pot

태초에 지구의 시작이 이랬을까? 타임머신을 타고 먼 과거로 거슬러 올라간다. 에메랄드빛 핫 스프링이 우리를 순식간에 빨아들일 것만 같다.

*Midway Geyser Basin
_Grand Prismatic Spring*

이이이이이이이야~~~~~~~ 어떤 물감으로도 만들어 낼 수 없을 넘나 아름다운 색의 향연이 그 사이즈를 가늠할 수 없게 넓다. 그 오묘한 빛깔에 한참 동안 넋을 놓았다.

Grand Prismatic Spring_Yellowstone Acrylic, 30.4×60.8cm, 2020

Morning Glory Pool

이번 옐로스톤 여행 중에 꼭 가 보고 싶었던 스폿. 모닝 글로리 풀. 아담한 사이즈였지만 역시 옐로스톤을 대표할 만한 강렬한 끌림을 가졌다. 이곳에 오래도록 머물고 싶었지만, 몇 컷 사진 찍고 나서는 이미 사라진 가족들을 찾아 서둘러 떠날 수밖에 없었다는.

Morning Glory Pool
Acrylic, 27.9×35.6cm, 2020

멈추어 고민해도 답이 없음을 알기에

*Old Faithful Geyser*는 폭발하는 시간이 아주 규칙적이어서 관람객들이 시간에 맞춰 기다렸다 꼭 보고 가는 스폿이다. Upper Geyser basin을 다 돌고 내려오니 수백 명의 사람들이 그곳에 모여 있었다. (이번 여행 중 한 번에 본 최대 인원) 많은 사람들이 부담스러워 그 자리를 얼른 뜨고 싶기도 했지만, 올드페이스 풀 가이저의 폭발 순간을 놓치기 아쉬워 멀찌감치 떨어져 기다렸다. 몇 번의 감질 맛 나는 들락거림으로 관람객들을 들었다 놨다 하더니, 결국 3분여의 강렬한 폭발로 탄성을 이끌어 냈다.

2020.07.27.

Mammoth Hot Springs

인류가 세련된 컬러의 벽돌을 한 장, 한 장 쌓아 올려 멋진 자연 뷰를 내려다보는 거대한 테라스를 만든다면, 과연 이정도의 결과물이 나올 수 있을까? 자연의 능력이란 예상 가능하지 않은 놀라움이다.

Roosevelt Arch

"For the Benefit and Enjoyment of the People."
루즈벨트 대통령이 당시 이 문을 세우면서 썼던 현판이다. 옐로스톤이 미국 최초 국립공원으로 지정된 이래 150여 년 후에도 전 세계 사람들에게 사랑받을 거라는 것을 예견하셨던 듯하다.

Hello Bison
얼굴은 정말 순딩순딩하게 생겼는데, 공원 곳곳에 바이슨에게 절대 가까이 접근하지 말라는 경고문이 있다. 우린 참 운이 좋게도 바이슨의 안내를 받으며 드라이브하는 호사도 누리고 좋았다는ㅎㅎㅎ

Norris Geyser Basin
가이저와 핫 스프링을 많이 봤지만, 가는 곳마다 색다른 느낌이 있다. 지중해 바다 빛깔이 이렇지 않을까?

오늘 최고의 순간은 바로!!!! 우리가 노리스 가이저 트레일을 걷는 동안, 하늘은 먹구름으로 가득 차고 번개와 천둥의 간격이 짧아지더니, 결국 비가 내리기 시작했다. 우리는 빠른 걸음으로 서둘렀지만, 순식간에 거세진 비는 강력한 우박으로 바뀌었다. 하윤이는 연신 아프다고 했지만, 들을 겨를도 없이 정신없이 뛰었다. 짧은 순간에 온몸이 흠뻑 젖었다. 숨을 돌리고 나니 헛웃음이 난다. 자연 앞에 우리 인간은 이렇게 쉽구나.

2020.07.28.

Grand Canyon of the Yellowstone
우리 가족 모두가 이번 옐로스톤에서 최고의 코스로 꼽는 곳. 그랜드 캐니언 축소판이랄까. 넘나 현실감이 느껴지지 않는 장면들이다. 우리는 연신 "미쳤다!"를 외쳤다. 보통은 한 곳에서 한두 포인트를 보면 충분하지만, 그랜드 캐니언에서는 10개 가까운 모든 포인트에서 다양한 각도의 그랜드 캐니언을 즐겼다. 다시 오게 된다면 무조건 또 들를 곳이다.

Grand Canyon of Yellowstone
Acrylic, 45.5×61cm, 2020

Yellowstone River

옐로스톤 서쪽에 매디슨강이 있다면 동쪽에는 옐로스톤강이 흐른다. 우리와 함께 달리는 강을 보며 여행 메이트가 한 명 더 있는 느낌이랄까. 남편은 낚시하고 싶은 마음이 오르락내리락했지만, 뒤통수가 따가울 것을 알기에 미리 포기한 듯하다ㅎ

Lake Butte Overlook

이곳 오버룩에 올라가면 옐로스톤 레이크를 한눈에 내려다볼 수 있다. 크기는 레이크 타호만큼 넓지만, 아기자기하게 아름다운 타호와 달리 옐로스톤 레이크는 투박하지만 솔직한 느낌이랄까. 하얗게 그을린 고목들이 만들어 낸 풍경은 우리를 엄숙하게 하고 처연한 아름다움을 보여 준다. 기대하지 않았던 큰 감동이 있었다.

Lower Geyser Basin

West Thumb Geyser를 보러 주차장에 도착하자마자 빗방울이 한두 방울 떨어지기 시작한다. 사람들은 아무렇지도 않은 듯 모자를 쓰고 입구로 향했지만, 우리는 선뜻 차에서 내리지 못했다. 아무래도 어제의 추억(?)이 아름답지만은 않아서다. 결국 차를 돌려서 숙소로 가기로 했다. 예상보다 빗줄기가 거세지지 않아 살짝 후회가 밀려오려던 참에, 행운의 순간을 만났다. 찰나의 가이저 폭발 쇼를 운전 중 한적한 길가에서 이렇게 우연히 만나게 될 줄이야. 역시 삶이란 안 좋은 것이 있으면 좋은 것도 꼭 있는 법. 찰나의 가이저(White Dome Geyser) 폭발 쇼를~

2020.07.29.

오늘 아침 옐로스톤은 구름이 소복이 내려앉아 폭신폭신하다. 매일 똑같은 아침 뷰가 아니어서 좋다면서 우린 참 럭키하다 얘기하며 Fairy trail을 올랐다. Grand Prismatic Spring을 아래에서만 보고는 그 전체 모습을 짐작할 수 없어, overlook에서 다시 한번 보고자 함이었다. 이런 아뿔싸. 찐한 구름이 핫스프링을 완전히 덮어 버려 그 형태를 전혀 알 길이 없다. 세상 모든 일이 나를 위해 돌아가지는 않는다. 어제의 행운과 오늘의 불운은 서로 퉁친 걸로.

Grand Teton National Park

잭슨 레이크에서 바라보는 그랜드 티톤 옐로스톤을 떠나는 아쉬움을 한순간에 묻어 버렸다. 알프스라는 별칭이 참 잘 어울리는 풍경이다.

Jackson Lake_Grand Teton
Acrylic, 30.4×60.8cm, 2020

멈추어 고민해도 답이 없음을 알기에

Jenny Lake

아기자기한 트레일이 많지만, 인구 밀도가 너무 높은 잭슨 레이크 트레일을 포기하고 선택한 제니 레이크 트레일. 차선을 넘는 멋진 레이크 뷰를 원 없이 보면서 걸었다.

Inspiration point가 목표였으나, (크록스를 신고 걸어야 했던 하윤이의 투덜거림과 트윈 폴스까지 오늘 돌아갈 길이 막막한 남편의 '눈으로 말해요(?)'를 못 본 척 할 수 없어서) 정상을 코앞에 두고 오르지 못해 아쉬움이 컸다. (정상을 찍기보다는 그 과정들을 즐긴 것으로 만족하자고 나를 설득함ㅋ) 내려와 발 담근 제니 레이크는 여행의 피로를 말끔히 씻어 버렸다.

2020.07.30.

그랜드 티톤에서 트윈 폴스로 가는 길. 저녁 9시의 선셋이 이렇게 아름다우면 반칙이지. 땅의 아름다움이 그대로 하늘의 아름다움으로 반사한 듯하다.

네바다. 그 황량한 사막이 끝도 없다. 막힘없이 시원하다. 기억 한 귀퉁이에 남겨 뒀다가 삶이 답답할 때마다 살짝 꺼내서 스트레스 날려 보내는 데 써먹어야겠다.

2020.07.31.

　말의 눈은 사람의 원형 눈과 달리 타원형으로 생겨서, 인간이 보지 못하는 곳을 볼 수 있고 한 번에 두 가지 초점도 볼 수 있다고 한다. 코앞에 있는 풀만 보지 않고 멀리 있는 사물을 동시에 보기 때문에 적의 접근을 경계하는 데 용의하다. 사람의 기준에서는 말이 너무 쉽게 흥분하는 성격이라고 하지만, 말의 입장에서는 생존을 위한 예민함이기도 한다. 그래서 경주마 훈련을 할 때 눈가리개를 사용하고, 땅만 보게 함으로써 주변으로 시선 분산을 차단하고, 달리기에만 집중하게 한다고 한다.

　나는 우리가 일상을 사는 모습이 이 경주마들과 몹시 흡사하다는 생각이다. 당장 눈앞에 있는 목표만을 위해, 주변을 살필 겨를도 없이, 그저 달리고 또 달린다. 그렇게 달리다 보면 내가 왜 달리는지 목표마저도 사라진 지 오래다. 행복을 목표로 달린다고 말은 하지만, 달리는 우리들의 모습이 전혀 행복하지 않은 걸 보면, 앞뒤가 서로 모순되는 모순당착이라 여겨진다.

　내가 여행을 하는 이유는 뭘까? 제일 먼저 일상에서의 탈출이겠지. 여행은 우리에게, 말의 눈가리개를 벗겨 주는 역할이라 생각한다. 우리가 평소에는 보지 못하고 살았지만, 분명히 우리 옆에 늘 있어 왔던 주변의 모습을 보게 한다. 내가 보고 있던 세상이 얼마나 좁았는지 깨닫게 한다. 모르고 살았던 새로운 세상의 아름다움에 대한 감탄도 물론이지만, 다른 형태의 삶으로도 살 수 있구나 알게 한다. 바빴던 일상에서 한 발짝 벗어나 힐링의 시간을 보내고, 다시 일상으로 돌아가게 되면, 그것은 여행하기 전의 그 일상과는 분명 다르다.

넓은 세상은 나에게, 자잘한 욕심이 부질없음을, 나의 작은 실패로 세상이 무너지지 않음을, 나의 성공이 그렇게 대단하지 않음을, 모두가 지향하는 작은 세상 속 줄서기가 정답이 아닐 수도 있음을 알게 한다. 나는 다른 사람들의 모습처럼 살지 않아도 된다는 깨달음을 얻는다. 나는 나의 길을 찾아 걸어갈 뿐이다. 여행은 그렇게 나에게 용기를 준다.

Mt. Shasta 와 Lassen Volcanic NP

Meadow, Lassen
Acrylic, 30.5×40.5cm, 2020

낯선 세상으로의 드라이브는 항상 첫사랑처럼 신기하고 신비롭기만 하다. 설렘을 가득 안고 도착한 라셴. 캘리포니아 산불로 매캐하던 우리 동네 하늘과 달리, 이곳의 하늘은 하늘색이다. 놀라운 숲의 정화 능력을 실시간으로 확인한다.

2020.09.05.

Snow and Mt. Shasta

Acrylic, 45.5×61cm, 2021

Snow and Snow Fighting

Acrylic, 76.5×101.5cm, 2021

멈추어 고민해도 답이 없음을 알기에

제대로 만났다. 꿈속에서도 이렇게 새하얀 눈 세상을 경험해 보지는 못한 듯하다. 작년 9월엔 산불 재 때문에 시야가 좁아 볼 수 없어서 너무도 아쉬웠는데, 드디어 오늘에 마운트 샤스타의 웅장함을 제대로 보았다. 햇빛을 가득 품은 샤스타는 가히 신의 산이라 할 만하다.

2021.04.03.

Lake Shasta Caverns

시원한 샤스타 레이크의 바람을 맞으며 샤스타 카번에 올랐다. 투어 가이드의 영어를 퍼즐 맞추듯이 이해한 바로는... 2차 세계대전 무렵 샤스타 댐을 만들면서 10여 마을이 물에 잠겼고, 오랜 시간이 지난 후에 세 명의 어부가 이 동굴을 발견했단다. 철 성분이 많은 곳이라, 단것을 많이 먹어 이가 썩고 구멍이 나듯이 이 동

굴도 그런 원리로 구멍이 생겼고, 100년에 1인치씩 종유석이 자라니까 수천 년을 지나며 만들어진 동굴인 거다. 자연이 빚어 놓은 다양한 모양 중에서도 유니콘을 닮은 형상은 너무도 아름다웠다. 그러나 석회동굴은 한국 것이 더 으뜸이라는 결론이다ㅋㅋ 그럼에도 불구하고 카번에서 내려다본 샤스타 레이크 뷰는 백만 불짜리였다는.

Manzanita Lake
_Lassen Volcanic National Park

여기까지 왔는데, 안 보고 그냥 가기엔 아쉬워서 라센에도 들렀다. 웬걸... 4월인데도 눈이 가득하고, 도로가 모두 통제되어 진입이 불가능하다. 겨우 만자니타 레이크에서 인증 샷만 남겼다. 아쉬움은 또 다음 계획을 세우게 하니, 다 나쁜 것만은 아니다ㅎㅎ

2021.04.04.

Lassen Volcanic National Park

이곳은 2021년 사상 최대의 산불로 아주 큰 피해를 입었다. 이 일대의 절반 이상이 탔고, 지금도 여전히 그 피해의 흔적이 고스란히 남아 있다. Summit Lake 주변의 나무들은 다 탔는데, 놀랍게도 캠핑장은 살아남았다. 덕분에 우리는 이틀 밤을 잘 보냈다. 자연의 회복력에 응원을 보낸다.

2023.09.24.

다음 날, 우리는 Lassen Peak(3,187m)에 올랐다. 머리가 어지럽다고 자주 걸음을 멈추고 호흡을 가다듬는 아빠와 달리, 날다람쥐 하윤이는 사뿐사뿐 잘도 오른다. 멈추면 찬 바람에 오들오들 떨려서 쉬지 못하고, 쉬엄쉬엄 트레일을 걸었다. 씨에라-네바다 산맥을 굽이굽이 발아래 두고, 라센 픽이 우뚝 솟아 있다. 뾰족한 그 바위 끝에 오르니 좋구나. 오늘도 소박하게 행복하다.

Lassen Peak 2
Pastel, Oil Pastel, Gouache, Watercolor, 61×45.7cm, 2023

캘리포니아 북쪽 끝에 Lassen Volcanic NP과 Mt. Shasta가 있다. 남편은 늘 Mt. Shasta에 가고 싶어 했다. 만년설로 뒤덮인 그곳은 신들이 사는 곳이라고 할 만큼 신비한 기운이 있는 곳이다. 하지만 우리와는 참 인연이 없는 곳이기도 했다.

첫 방문에는 산불의 영향으로 가까운 곳도 제대로 볼 수 없을 만큼 시야가 좁아서, 샤스타에 다녀왔음에도 어떻게 생겼는지 전혀 알지 못했고, 두 번째 방문에는 4월이었음에도 눈이 가득 쌓여 샤스타에 몇 발자국 올라 보지도 못했다. 그리고 세 번째 방문 때는, 몇 해 전 산불로 인해 라센의 많은 부분이 불타서, 복귀되려면 수십 년은 지나야 할 것처럼 보였다.

하지만 세상에 다 나쁘기만 한 것은 없다고 했던가. 첫 방문, 산불 영향으로 뿌연 연기에 가득 싸여 있던 라센을 피해 다른 곳을 찾던 중에 우리는 McCloud Falls를 발견했다. 그나마 연기에서 좀 벗어난 곳이었다. 늘 산으로만 다니다가 물에서 하루 종일 발 담그고 노는 재미도 좋다는 걸 그때 알았다. 그리고 장소를 물색하느라 원 없이 차를 탔던 그 여행에서 하윤이는 맘에 드는 노래, 뜨거운 감자의 〈고백〉을 찾았고, 100번을 넘게 반복해서 부르더니 결국 노래를 다 외우게 되었다. 하윤이의 노래 덕분에 우리는 짜증 대신 웃음을 얻었다.

그리고 두 번째 방문은, 멀리 아이다호로 5월에 이사 가는 원, 찬, 민네와 캘리포니아에서 마지막 4월 여행을 함께 했던 거였다. 산호세 살던 아이들은 짧은 반바지와 샌들 차림으로 샤스타를 찾았고, 눈 때문에 길이 막힌 그 산 앞에서 우리의 길도 가로막혔다.

예정한 트레일은 걷지 못했지만, 차에 있던 작은 돗자리들을 이용해 썰매를 탔다. 멋지게 스키를 메고 스노우 슈즈를 신고 산을 올라가던 스키어만큼 폼 나지는 않았지만, 우리도 눈 아래 숨어 있는 커다란 바위에 엉덩이 쿵쿵 부딪혀 가며 신나서 깔깔거리는 아이들의 웃음소리는 무엇보다 즐거운 놀이였다. 또한 코앞에 두고도 제대로 걸어 보지 못한 라센의 많은 길들은 우리에게 이곳에 또 오고 싶은 이유가 되어 주기도 했다.

세 번째 방문 때도 걱정이 많았다. 산불로 많은 캠핑장이 문을 열지 않았다고 했었다. 우리가 예약한 Summit Lake Campground는 신기하게 나무들이 초록초록하게 건재했다. 남편은 캠핑장 바로 옆 레이크에서 그렇게도 좋아하는 낚시를 해 볼 수도 있었다. 그리고 우리는 라센의 최고봉인 3,200m의 Lassen Peak에 올랐다. 가파른 스위치백 트레일은 우리를 금방 지치게 했고, 잠깐 멈추면 칼바람이 우리를 또 걷게 했고, 어찌어찌 그 정상에 오르니, 드디어 우리가 해냈구나, 마음이 벅차올랐다.

그 높은 곳에 올라서 내려다본 발아래 뷰는 모든 것을 말하고 있었다. 저 멀리 한 구역에 까맣게 타 버린 나무들의 흔적은 이 산 전체로 봤을 때는 별 영향력 없이 산은 온통 푸르기만 했고, 산허리에 걸린 구름 아래로 진한 그림자가 드리웠지만, 산 전체로 봤을 때는 쨍한 햇볕 아래 반짝반짝이기만 했다.

우리는 내 눈앞의 작은 걱정 때문에 밤잠 이루지 못하고 고민하기도 하지만, 지나고 나면 참 별일 아니었는데 하고 웃어넘기게 되는 경우가 많다. 모든 일은 좋기만 하지도 않고 나쁘기만 한 것도 아니다. 좋은 면에만 너무 취하지도 말고, 나쁜 면에만 너무 속상해할 필요도 없다. 한 발짝, 두 발짝, 아니 머얼리 떨어져서 보면 모든 인생은 성장 중이다. 결국 우리는 잘되는 중이다.

Crater Lake

Garfield Peak.

7,700년 전, 화산이 폭발했다. 그리고 그 후 긴 시간 동안 빗물이 모이고, 눈이 쌓이고 해서 만들어진 호수. 산에서 호수로 흘러 들어오는 물줄기는 하나도 없지만, 미국에서 가장 깊고 세계에서는 10번째로 깊다는 이곳, Crater Lake. 그 깊고 푸른빛을 한참 들여다보고 있자니, 내 몸이 빨려 들어갈 것 같다.

Cleetwood Cove Trail at Crater Lake

많은 사람들이 수영복 차림으로 트레일을 걷는다. 아래로 아래로 내려가고 또 내려가서 만난 레이크. 얼음물보다 차가운 그 물속으로 하윤이는 온몸을 던졌다.

뜨악... 나는 절대 못 하지만, 보는 것만으로 등줄기의 땀이 식는다. 끝도 없이 내려간 만큼, 끝도 없이 올라오느라 헉헉댔지만... 무조건 가 볼 만한 포인트.

Sunrise at Watchman Lookout Station sunrise

너무 추운 새벽. 잠에서 덜 깬 하윤이는 투덜투덜. 코앞인 듯 보인 전망대는 지그재그 트레일을 오르고 또 올라도 안 나오고. 해는 또 왜케 안 뜨는 거야. 결국엔 떠올랐고. 너무 아름다운 풍경에 모두 만족하고 내려온 하산길. 휴-

Sunset 그리고 Moonrise

파크 레인저가 우리 캠프사이트를 기습(?) 방문했다. 이유인즉슨, 요즘 산불 위험 기간이라서 캠프파이어를 하면 안 된다는 것. 인정사정없이 우리의 화로에 물을 제대로 끼얹으셨다.

후덜덜덜덜덜 추운 밤, 불 없이 긴긴밤을 무얼 하나. 기왕 추운 거 제대로 춥자. 우리는 일몰 맛집을 찾아 나섰다. 아침 일출을 보았던 Watchman Overlook. 안 봤으면 엄청 아쉬웠을 360도 일몰 쇼가 펼쳐졌다. 해 뜨는 순간과 해 지는 순간을 모두 함께한 날. 아침저녁으로 매섭게 따귀 때리던 찬 바람 기억과 함께 오래도록 남아 있을 것 같다.

2022.08.11.

# 크레타 레이크(Crater Lake)는 캘리포니아 북쪽 오래곤의 유일한 국립공원이다. 워싱턴주의 Mt. Rainier와 Olympic NP, Seattle을 여행했던 2021년 여름, 집으로 돌아오는 길에 크레타 레이크를 들르지 못해서 내내 아쉬웠다. 그런데 1년 후 여름 그곳을 가게 됐다. 심지어 갑자기 빈자리가 생긴 캠핑장에 머무를 수 있어서 더더욱 좋았던 우리의 여행 기억이다.

크레타 레이크는 일 년 중에 아주 잠깐만 전체를 다 둘러볼 수 있다. 긴 겨울 동안 잠자고, 아주 빼꼼 얼굴을 보여 주나 하면, 8월을 중심으로 큰 기지개 한번 켜고, 다시 또 겨울잠으로 들어간다. 그런 크레타 레이크의 전체 모습을 다 둘러볼 수 있어서 우리는 아주 흥분했다.

보통의 여행은 낮 시간만 그 기억을 남기지만, 캠핑과 함께였던 그 여행은 아침 일출을 보고, 한낮의 해와 함께 걷고, 저녁 일몰이 지나면, 한밤 밤하늘의 별들과 이야기 나누느라 쉴 틈 없이 우리의 감동 회로는 돌고 또 돌았다. 도저히 심장박동이 차분해지지가 않았다.

크레타 레이크는 눈앞에서는 도저히 그 사이즈가 가늠이 되지 않는다. 2,400m 높이의 가필트 픽(Garfield Peak)을 오르니 비로소 레이크가 한눈에 들어온다. 그 아름다움은 한곳에 머무르지 않고, 우리가 트레일을 따라 걷는 그 발걸음마다 새로운 감동으로 모든 곳이 아름다웠다.

그리고 클리트우드 코브 트레일(Cleetwood Cove Trail)을 걸어 아래로 두 시간쯤 내려가면 호수의 물을 만난다. 8월의 중심이지만, 그곳에 발 담그면 온몸이 바로 얼음이 되는 것 같다. 하지만 아랑곳하지 않고, 이 나라 사람들은 그 호수로 다이빙을 하고 수영을 한다. 그 즐거운 웃음에 전염되어 하윤이는 용기 내어 물속에 온몸을 던졌다. 얼음물의 짜릿함에 정신이 번쩍 나서 소리를 지르며 호수를 탈출했지만 그래도 충분히 신나는 순간이다. 나는 이 나라 사람들의 저 자유로움이 부럽고, 물들고 싶은 마음이다. 그래서 나는 못 하면서 자꾸 하윤이에게 호수에서 수영하기를 권한다. 대리만족이라도 해 보려는 심산으로.

우리는 해가 뜨기 전 안 떠지는 눈을 비비고 산에 올랐다. 일출을 보기 위해. 그리고 칼바람 맞으며 해가 산 너머로 넘어가 어둠이 찾아오는 그 순간까지 언 발을 동동거리기도 했다. 준비하고 기다리는 시간이 힘들지만, 그래도 하는 이유는 그 찰나의 순간이 긴 기다림의 고통을 모두 잊게 해 줄 만큼 아름답기 때문이다. 얼마나 더 걸어야 해요? 몇 분 기다려야 해가 떠요? 투덜거렸던 하윤이도 일출의 순간에는 환하게 웃게 된다.

코끼리 코만 만진 사람은 "코끼리는 길어요.", 귀만 만진 사람은 "코끼리는 팔랑거려요.", 피부만 만진 사람은 "코끼리는 거칠어요." 한다는 이야기처럼, 한 단면만으로 그것의 전부를 말할 수 없다. 가장 높은 곳에서 가장 낮은 곳에서 보고, 이른 아침부터 늦은 밤까지 다 보아야 비로소 우리는 그것을 보았다 말할 수 있는 것이다.

삶을 대하는 태도에서도 내가 아는 것이 세상 전부인 것처럼 쉽게 단정 짓지 않고, 내가 무엇을 더 살펴야 할지 좀 더 다양한 의견을 듣고, 좀 더 다양한 생각을 해 보고, 좀 더 신중하기를 나에게 자꾸자꾸 주문하게 된다.

Crater Lake
Acrylic, 40.5×51cm, 2024

Grand Circle

Grand Canyon West

어제 오후 9시간을 달려 라스베이거스에 도착했다. (2018년에 아들과 함께 넷이서 땡스기빙을 이곳에서 보냈는데, 올해는 세 명이 전부구나.) 그리고 오늘 아침 2시간 반을 더 달리니 그랜드 캐니언이다.

첫 방문에 경비행기 투어로 그랜드 캐니언을 분명 한 바퀴 돌았으나 나는 기억에 없다ㅋㅋ 경비행기 이륙하는 순간부터 두 눈 질끈 감고 착륙만을 애타게 기도했던 것밖에는.

오늘은 두 발로 땅을 디디고 서니, 비로소 보인다. 이곳이 그랜드 캐니언이구나

2022.11.23.

"'조슈아트리'가 그랜드 캐니언에도 있어요?"
어제 그랜드 캐니언에 가는 길에 죠슈아트리 군락지를 지나면서 하윤이가 묻는다. 죠슈아트리는 죠슈아트리 내셔널파크에만 있다고 생각했나 보다.
"죠슈아트리 내셔널파크 바로 옆이야. 땅도 바람도 햇빛도 비슷해서 여기에서도 자라는가 봐."

2022.11.24.

Joshua Tree 2

Acrylic, 35.5×35.5cm, 2021

Zion National Park

뷰가 너무 좋은데, 사람이 너무 많다. 답답함으로 숨이 잘 안 쉬어진다. 오늘 가고 싶은 트레일을 모두 실패했다. The Narrow trail은 물길을 헤치고 지나갈 장비가 준비되지 않아서, Angels Landing은 $6씩 이틀이나 밤 12시에 추첨을 신청했으나 모두 떨어져서 우리는 갈 수가 없다. 급 우울 모드. 캠핑장의 파이어우드가 타오르니 그 마음이 이제야 편안해졌다. 그럴 수도 있지, 뭐. 내일은 인기 많은 곳 말고, 한적한 곳으로 트레일을 골라 봐야겠다.

2022.11.24.

얼음 어는 날에도 캠핑을 끊을 수 없는 이유.
불멍+귤멍+고구마멍+별멍+어둔 밤의 디어멍멍멍멍

(불멍하는 우리 뒤로 부시럭부시럭 소리가 난다. 뭔가 해서 돌아보니 어둠 속에서 시커먼 물체가 훅 튀어나온다. 소보다 더 큰 사슴 두 마리의 등장에 우리는 소리도 못 지르고 뒤로 자빠졌다. 그들은 우리를 아랑곳하지 않고 우리 텐트를 지나 유유히 사라졌다. 꿈꾼 듯 했으나, 심장박동수가 장난 아닌걸 보니 실제 상황인 걸로.)

그리고 다음 날,
6시간 동안 사계절을 경험하는 짜릿한 트레일이었다. West Rim Trail

2022.11.25.

Zion Canyon

Acrylic, 60.9×76.2cm, 2023

Bryce Canyon National Park

하윤이의 오늘 미션은 트레일을 마칠 때까지 이곳의 이름을 제대로 기억하기!!! 브라이스 캐니언!!!
별의별 웃기는 다양한 B-Canyon이 등장했지만, 결국엔 "B. R. Y. C. E."를 외쳤다. 브라보.

2022.11.26.

Bryce Canyon
Acrylic, 60.9×76.2cm, 2023

길 위의 나는 무중력 상태가 된다. 물속 깊은 곳으로 가라앉는 듯, 세상은 희미하게 멀어지고 주변의 모든 소리는 알아들을 수 없는 웅얼거림으로 번져 나간다. 그러고는 오롯이 나의 심장 소리만 들린다. 더욱 커진다. 나와 나만의 세상이 된다. 나의 목소리에 집중하라. 나의 생각에 집중하라. 무엇도 나의 세상을 침범하지 못한다. 여행 속에서 나는 외롭지만, 또한 충만하다.

2023.11.17.

Arches National Park

어제 라스베이거스까지 9시간+α, 오늘 아치스 NP까지 6시간 반+α. 총 16시간을 넘게 운전했다. 극기 훈련 하냐는 남편의 핀잔쯤은 귓등으로 흘리고 오늘 아침 6시부터 서두른 덕분에, 짧은 해가 떨어지기 전에 성공적으로 아치스 내셔널파크에 도착했다. 메인 도로를 달리면서 바라본 생경한 풍경은, 그 고생쯤은 몇 번이라도 더 할 수 있겠다는, 넘치게 충분한 보상이 되어 준다. 내일 두 발로 흙을 밟으며 제대로 걸을 생각을 하니, 이 밤 설렌다.

2023.11.18.

Arches NP 1

Pastel, Oil Pastel, Gouache, 40.5×51cm, 2024

Arches NP 2

Acrylic, 40.5×51cm, 2024

8min, 4hr. 흙먼지 뒤집어쓰고, 트레일에서 한참 벗어나 헤매도 보고, 바위 절벽에 손가락 끝, 발가락 끝으로 매달려 이렇게 죽는구나 하는 순간을 지나, 힘차게 등산화 도장쯤 제대로 찍어 봐야... 아, 나 여기 다녀왔구나 하는 거지. Devils garden trail.

2023.11.19.

Delicate Arch
Pastel, Oil Pastel, Gouache, 61×45.7cm, 2024

잠시 숨을 멈추고, 자연 앞에 겸손과 경의를 표하는 순간이었다. 우리가 앉았던 그곳의 바람 냄새가 아직도 코끝에서 간질거린다.

CanyonLand National Park

그냥 지나가긴 아쉬워서 들른 곳이었는데, 안 봤으면 정말 많이 후회할 뻔 했다. Arches NP와 마주하고 있지만, 완전 다른 비주얼과 완전 다른 감동을 준다.
오프로드를 아무 문제 없이 달릴 수 있
는 4륜구동의 튼튼한 차라면, 무조건 Shafer trail을 달려 보라고 강력 추천한다. 멀리서 눈으로만 보기에는 감질 맛 나는 저 협곡 사이사이를 흙먼지 날리며 원 없이 달리는 상상을 해 본다. 그 상상만으로도 도파민 폭발이로구나.

2023.11.20.

Monument Valley

오늘 오전 스타트가 좋았다. Canyonland NP에서 기대 이상의 감동 뷰로 흥분된 데다가, 점심 먹고 12시 출발까지 아주 순조로웠다. 3시 반에 Monument Valley에 도착하면 해지기 전까지 둘러보기에 충분할 것 같았다. 오늘은 어제보다 기온도 낮고 바람도 많이 불었지만, 상관없었다. Scenic Drive를 달리면서 차 안에서 편안히 볼 예정이었으니까.

아뿔사, Scenic Drive는 2시 반까지 와야만 가능하다는 걸 나는 왜, 왜, 왜 몰랐을까. 그래도 여기까지 왔는데 그냥 갈 수는 없어서 인당 $8씩 입장료를 내고 주차장에 파킹을 했다. 칼바람에 잠깐도 눈 뜨기 힘들었기에, 인증 샷만 남기고 우리는 바로 눈물의 퇴장을 했다. 멀리 저 아래로 여유롭게 Scenic Drive를 돌아 나오는 차들이 얼마나 부럽던지. 쩝... 인생이 그런 거지, 뭐. 쉽게만 가면 재미없잖아.
(*집에 돌아온 후, 하윤이는 멋진 그림을 그려 냈다. 그러려고 우리가 거기 간 걸로. 인생은 새옹지마.)

2023.11.20.

Monument Valley Acrylic, 30.5×91.4cm, 2024

나는 Grand Canyon National Park의 North Rim을 걷고 싶었으나 winter season closed 되었고, 남편은 the Wave trail이 목표였으나 미리 lottery permission을 받지 못해서 갈 수가 없다. 어젯밤 늦은 고민 끝에 선택한 차선은 Wire Pass and Buckskin Gulch trail. 그리고 오늘, 나의 인생 트레일이 바뀌었다.

2023.11.21.

HorseShoe Bend

어마무시한 말발굽 사이즈에 입이 떠어어어어어어어어어억.

멈추어 고민해도 답이 없음을 알기에

BuckSkin Gulch Trail_Utah

Acrylic, 50.5×40.7cm, 2023

BuckSkin Gulch Trail 2_Utah

Acrylic, 121.9×91.4cm, 2023

Wahweap overlook, Glen Canyon

여행 메이트 곰돌이와 Glen Canyon의 노을을 본다. 세상 행복한 하윤이의 미소를 만들어 주는 곰돌이, 그대에게 땡스 어 랏.

2023.11.21.

Antelope Canyon, Arizona

엔텔로프, 엔텔로프, 엔텔로프…. 너무 많이 들어서 언젠가는 꼭 가 봐야 한다는 무의식이 강하게 자리하고 있었나 보다. 아주 비싼 비용을 들여서 겨우 남은 자리를 차지했다. 투자한 시간과 노력이 컸기 때문일까. 음... 막 감동은 아니었다. 캐니언 트레일을 제대로 걷는 것도 아니고, 아주 멋진 뷰를 눈에 담을 수 있는 것도 아니고, 단체 투어라서 여유 없이 사람에 밀려 가는 느낌이었다.

그런 중에 좋았던 점을 꼽자면, 투어 가이드 Mario가 아주 훌륭했다. 어두운 캐니언의 한 줄기 빛 아래서 핸폰 카메라 세팅을 조정해 가며 아름다운 사진을 만들어 주었다. 또 보라고 알려 준 그 각도에는 Bear, SHark, Dragon Eye, Monument Valley, Face with Feather 이 어김없이 등장한다. 마지막으로 엔텔로프를 나오기 바로 전에 Mario가 연주해 준 Native American Flut의 영롱한 가락은 무엇보다 신비로웠다.

2023.11.22.

다시 *Las Vegas.*
라스베이거스는 역시 밤이지. Highroller에서 보는 Sphere의 영상이 그 화려함을 더한다.

미국에 와서 긴 여행을 할 수 있는 시즌은 여름휴가 때이거나, 땡스기빙 연휴 그리고 크리스마스이다. 여름엔 너무 덥고, 크리스마스엔 춥고 눈 때문에 갈 수 있는 곳에 제약이 많아, 11월말 땡스기빙이 긴 여행을 하기에 가장 좋은 타이밍이다. 특히나 트레일 걷기를 좋아하는 우리 가족에게는 정말 제대로 딱이다.

우리 가족이 미국에 왔던 2018년 땡스기빙 연휴에 처음으로 Las Vegas와 Grand Canyon을 여행했다. 라스베이거스의 화려함과 그랜드 캐니언의 광활함은 나에게 굉장한 충격이었다. 그리고 우리는 언젠가 그랜드 써클을 돌아보리라 마음먹었다. 그렇게 코로나를 지나고, 우리는 드디어 실행에 옮기기로 했다.

2022년 그 가을에는 라스베이거스를 시작점으로 Las Vegas → Grand Canyon → Zion NP → Bryce Canyon NP → Las Vegas 그랜드 써클의 왼쪽을 돌았다. 거대한 자연 앞에서 마음이 벅차오르던 그 마음이 아직도 나에게는 선명하다. 그리고 다음 해에는 Las Vegas → Arches NP → Canyonland NP → Monument Valley → Horseshoe Bend → Antelope Canyon → Las Vegas 그랜드 써클의 오른쪽을 모두 돌았다.

꼭 가 보고 싶었던 위시 리스트 하나를 해낸 거 같아서 뿌듯한 마음이었지만, 사실 감동은 내가 하려고 했던 것을 했을 때보다 내가 전혀 예상하지 못한 상황에서 온다. 멀리 오버룩에서만 보려고 했다가 직접 코앞까지 걸어가서 만났던 아치스의 델리케이트 아치(Delicate arches) 앞에서 우리는 순간 얼음이 되었다. 이렇게 어마무시한 사이즈의 아치를 만들어 낸 자연의 위용에 놀랐고, 그 아름다움에 압도되어 무슨 말도 할 수 없었다. 그저 아주 오랫동안 꼼짝하지 않고 앉아서 멍하니 바라보기만 했던 기억이다.

그리고 데블스 가든 트레일(Devils Garden Trail)을 걸을 때를 생각하면 지금도 아찔하다. 바위산의 특성상 선명하지 않은 트레일 루트를 찾아 먼저 앞서간 남편은 사라지고, 핸드폰은 먹통이 되었고, 전혀 일면식이 없는 젊은 친구들을 따라 다른 길로 들어섰다. 거긴 제대로 벼랑 끝이었다. 하지만 그곳이 아니면 다른 곳으로 돌아갈 방법은 없었다.

다른 사람들의 도움을 받아 하윤이는 손가락 끝과 발가락 끝만 걸친 채 그 벽에 매달렸다. 그리고 한 손, 한 발, 한 손, 한 발 번갈아 가며 조심스럽게 내려갔다. 중간중간 한국말 모르는 그 일행에서 "무서워요." "도와주세요."를 외쳐 가며. 나는 하윤이에게 전혀 도움이 되지 않았다. 사실은 내가 더 무서웠는지도 모른다. 나는 그저 뒤에서 응원만 보냈다. "하윤아, 잘하고 있어." "괜찮아, 정말 잘하고 있어." 했지만 나는 괜찮지 않았다. 하윤이 다음 순서로 나는 어떻게 내려왔는지 기억이 없다.

내려와 보니 주변사람들이 휘파람을 불며 박수를 보냈고, 내 온몸은 식은땀으로 푹 절여졌다. 심지어 앞서간 다른 일행이 다른 길로 가 버린 남편까지 찾아 주었다. 우리는 눈물의 상봉을 했고, 연신 그들에게 고맙다고 인사를 했었다. 트레일에서 만나는 사람들을 다 착하다는 말을 실감한 날이었다.

더욱 귀한 경험은, 내가 아무리 준비를 열심히 했더라도 상황은 그대로 전개되지 않는다는 것과, 실패 다음에 오는 차선이 오히려 상황을 역전시킬 수도 있다는 것이다. 원시 지구의 시작이 아마 이렇지 않았을까 생각하게 했던 캐니언랜드 (Canyonland NP)도 아주 우연이었고, 가고 싶었던 그랜드 캐니언 노스림과 더 웨이브(The Wave Trail) 대신에 걷게 된 와이어 패스 트레일(Wire Pass and Buckskin Gulch trail)은 우리의 인생 트레일이 되었다. 그리고 제대로 다 보지는 못해서 너무 아쉬웠지만, 잠시밖에 머무르지 못했던 Monument Valley가 하윤이의 멋진 작품으로 다시 태어나기도 했다.

결국 우리는 길에서 많은 것을 배운다. 우리가 아무리 철저하게 준비하더라도 모두 내가 원하는 방향으로 흘러가지 않고, 우리가 실패라고 생각한 그 길에서 새로운 가능성을 만나기도 하고, 무엇 하나 쓸데없는 시간 낭비는 없다. 모든 것이 우리에게 귀한 순간이 되는 것이다.

하지만 길을 나서야만 만날 수 있는 소중한 경험들이다. 내가 움직이지 않고 그 자리에 그대로 멈추어 있으면 무엇도 일어나지 않는다. 어느 책의 구절이 떠오른다. 우리의 하는 모든 선택은 성공이거나 실패가 아니라, 성공이거나 경험이거나 둘 중 하나라고. 무엇이든 다 좋다. 나쁜 패는 없다.

Las Vegas
Acrylic, 30.5×91.4cm, 2018

신들의 나라, Death Valley 그리고 Sedona

Death Valley
Acrylic, 76.2×101.6cm, 2022

여행은 설렘이다.

하지만 그 기분을 온전히 만끽하려면 감수해야 할(?) 일이 좀 많다. 새벽에 일어나 차에서 먹을 아침을 챙기고, 점심 도시락을 싸고, 필요한 짐은 또 얼마나 많은지. 심지어 이번엔 차에 짐도 내가 다 실었

다. 10분이라도 일찍 출발하고 싶은 나의 어쩔 수 없는 선택.
그러면 이렇게 아름다운 일출을 보며 새벽길을 달리는 호사를 누리게 된다.

Death Valley National Park–Mosaic Canyon

몇백 년 아니 몇천 년 전에는 이곳에 물이 가득한 계곡이었을까? 물이 흘러간 자국과 폭풍이 몰아쳐 바위들을 밀어냈을 흔적들이 멋진 벽화로 남았다. 자연의 놀라운 힘과 그 아름다움을 본다는 건 참으로 행복한 경험이다.

MesQuite Flat Sand Dunes

두껍아 두껍아

헌집 줄게 새집 다오~

하윤이가 이번 여행 중 웃음이 가장 많았던 스폿이다.

사막 한복판에 높고 넓게 샌드 듄이 만들어졌다는 게 신기하기만 하다. 그 언덕 가운데 서면 그 끝이 어디인지 가늠이 안 될 정도다. 해가 질 무렵에 그곳에 도착했더니, 바알갛게 넘어가는 선셋을 보는 행운까지 얻었다. 해가 넘어가자 순식간에 어두워지고, 그 아름답다는 사막의 밤하늘 별들까지 구경하면 더 좋았겠지만 우리는 숙소로 발길을 재촉했다. 캠핑 그라운드에 자리 잡은 여행객들이 얼마나 부럽던지.

2022.02.19.

Death Valley National Park_Golden Canyon

이번 여행 중에 가장 황홀했던 순간이 바로 Golden Canyon Trail이다. 달나라를 걷는 기분이 바로 이런 걸까 싶더라. 나무 한 그루, 풀 한 포기 없이 황량하기만 한 이곳이 이렇게 아름답다니 아이러니가 아닐 수 없다.

황금빛 Golden Canyon을 오르면 Red Cathedral에 도착하는데 그 뷰에 입이 다물리질 않는다. 능선 줄기 줄기를 따라 햇볕이 쏟아지면서 너무도 아름답게 빛난다. 바로 내려오기 아쉬워서 Gowel gulch loop를 돌아오기로 했다.

웬걸, 아름다운 뷰 옆으로 더 아름다운 뷰가 기다리고 있다. 뜨거운 햇볕도 상관없이 한참 동안 그 풍경에 홀려 있었다. 그러다 보니 멀리 Zabriskie Point도 보인다. 우리 또 걷는다. 풍경에 취해 한없이 걸었다.

그렇게 우리는 4시간여를 쉬지 않고 걸었나 보다. 계획한 다른 일정을 하지 못했지만, 그래도 좋다. 여행은 계획대로 되지 않는 법이고, 기대하지 않은 곳에서 더 큰 행복을 얻게 되기도 하니까.

Death Valley 2

Color Pencil, 40.6×50.8cm, 2022

Bad Water Basin

Sea level보다 86m나 낮다는 Bad Water Basin. 하얀 소금 사막이 끝없이 뻗어 나간다. 눈길을 걷는 듯 뽀드득 소리가 들리지만, 만져 보면 소금 알갱이가 느껴진다. 맛보는 건... 패스크 무조건 예쁜 사진이 찍히는 스폿이라고 들었는데, 우리 집 모델들 협조가 없어서 나는 못 건짐.

Natural Bridge

넘나 가열 차게 걸었나 보다. 하윤이가 차에서 내릴 생각을 안 한다. 겨우 설득해서 0.3마일을 올랐다. 자연의 힘만으로 만들어 낸 브릿지가 있다. 아주 작고 소박하지만 그래도 충분히 볼 만했다. 아치스 캐니언의 맛보기 정도.

Artist Drive

데스밸리에서 꼭 가 봐야 할 드라이브 길이라는군. 그 길에 그려 놓은 듯한 산의 라인과 컬러감이 아주 볼만하다. 그래서 Artist Palette라는 이름을 붙여 놓았겠지. 트레일을 걷다가 만나

젊은 아티스트가 데스밸리의 풍경을 그리던 모습이 다시 떠오른다. 예술가에게 많은 영감을 주는 곳임에 분명하다.

2022.02.20.

Mount Whitney
_Lone Pine, California

데스밸리에 가 보고 싶은 스폿이 아직 많이 남았지만, 숙소에서 데스밸리까지 2시간 반 + 집으로 가려면 다시 숙소까지 2시간 반을 돌아와서 + 거기서부터 또 6시간을 넘게 운전해야 집이다. 자연스럽게 오늘은 데스밸리를 포기했다.

그렇다고 바로 집으로 가기는 아쉬워서 선택한 목적지는 Mount Whitney. 그런데 가는 길이 심상치가 않다. 아침부터 강한 바람이 불어 서 있기도 쉽지 않더니, 운전하는 차가 바람이 휘청거린다. 휘트니에 도착했으나, 아뿔싸 길이 클로즈됐다. 바람 때문에 산 위에서 크고 작은 바위들이 굴러 내려와 운전이 쉽지 않았다. 잠깐 풍경을 가까이에서 보려고 차에서 내리니, 하윤이가 신났다. 바람이 온몸을 휘감고 밀어냈다 당겼다 하는 것이 간지러운 듯 연신 웃음꽃 만발이다. 네가 즐거우면 충분해.

Alabama Hills

오호호홍. 바위가 나를 본다. 나를 부른다. 홀린 듯 차를 멈췄다.
그리고 바위를 오른다. 풍선 인형 춤을 추듯 허우적허우적 우리는 바위 사이를 걸었다.
몸이 조금씩 예열되니 찬 바람에도 어깨가 펴지고 깊은 숨을 내쉬게 된다. 바람 좋네.

2022.02.21.

집 출발 24시간 만에 (물론 Bakersfield에서 1박) Sedona에 도착했다. 쉽지 않은 운전이었지만, 우리는 여전히 여행자의 삶을 사는 중이기에, 길 위에서의 모든 시간이 설레고 즐겁다.

(식겁 에피소드! 나의 운전 턴에 차에 기름이 없다는 경고등이 켜졌다. 내가 타이밍을 놓친 게지ㅠ 사막 한가운데 차가 멈추면 어쩌나 식은땀을 한 바가지 흘렸으나, 다행히 5분 거리에 주유소가 있어서 우리를 살렸다.)

아침 햇살과 함께 연둣빛 들판이 새봄을 느끼게 하는가 싶더니, 애리조나주 경계를 넘자 한겨울의 중심으로 들어간다. (이 나라 땅덩어리가 왜케 큰지 매번 놀라지만 오늘도 또 한 번 놀랐다.) 60도가 넘던 기온이 30도 아래로 내려가 길이 얼었다는 경고 메시지까지 뜬다. 챙겨 온 옷가지가 넘 부족한 건 아닌가 살짝 걱정됐으나, 없으면 없는 대로 상황을 헤쳐 나가는 거지, 뭐.

그리고 어느 순간 우뚝 솟은 빠알간  산들이 우리 눈앞에 나타났다. 가슴이 마구 뛰기 시작했다. 우리가 여기에 오르려고 그 먼 길을 달려왔다구. 내일 그리고 모레, 반갑게 만나 보자.

2023.02.17.

Sedona_Cathedral Rock

전 세계 넘버원 볼텍스가 흐르는 곳, 세도나. 그래서 기도와 명상, 치료의 목적으로 이곳을 찾는 사람들이 많다고 한다. 물론 우리도 사심(?)을 가득 안고 트레일을 걸었지ㅋㅋ

오늘의 첫 번째 픽은 Cathedral Rock. 발바닥에 감기는 황토 흙의 보송함, 어제보다 제법 오른 기온의 포근함, 탁 트인 시야가 주는 시원함 그리고 곳곳에 넘나 신비롭게 솟아오른 바위산들의 우아함까지…. 트레일은 완벽했다. 그래서인지 4시간 루프를 쉬지 않고 걸었는데도, 누구하나 피곤한 기색이 없다. 땅의 기운이 좋아서일까.

Sedona
_Chapel of the Holy Cross
예수님, 저희 죄를 용서하시며,
저희를 지옥 불에서 구하시고,
연옥 영혼을 돌보시며
가장 버림받은 영혼을 돌보소서.
성부와 성자와 성령의 이름으로 아멘

Sedona_Bell Rock
땅의 기운이여, 나에게 오라!

Bell Rock_Sedona
Acrylic, 60.9×60.9cm, 2023

Sedona_Airport Mesa Vortex

'선셋 맛집'이라는 소문에 또 귀가 팔랑 팔랑~

해가 지기 시작할 무렵, 에어포트 메사에 도착했다. 정말 해 지는 풍경만 보려고 했다.

그러나 홀린 듯 우리는 루프 트레일을 또 걷는다. 루프 절반은 달린 거 같기도 하고.

그길 멀리로 오늘 다녀온 Cathedral Rock, Bell Rock, Chapel of the Holy Cross가 보이니 넘 반갑네.

넘치는 기 충전으로 오늘밤 잠은 잘 수 있을라나.

2023.02.18.

Sedona_Soldiers Pass Trail

어제 트레일을 걷는 중에 만난 발런티어 아저씨의 추천으로 알게 된 트레일이다. 들었던 대로 정말 아름다운 뷰 앞에서 감동하지 않을 수 없었다. 내가 걸은 길들이 뒤로 밀려나는 게 아쉬울 만큼. 결국엔 자리를 잡고 앉아서 내 눈에 담을 수 있을 만큼 가득 담았다. (어느 분은 주무시기까지.) 그래도 내려오는 발걸음을 자꾸 멈추게 하더라는.

멈추어 고민해도 답이 없음을 알기에

Sedona
_Jim Thompson Trail

이렇게 떠나기엔 발길을 떨어지지 않아, 짧고 쉬운 트레일을 하나 더 걸었다.

이번에도 발런티어 아저씨 찬스를 사용했지. 사람들이 많지 않아 아주 한적하지만, 뷰는 끝내준다기에 바로 고!!!
역시 아는 사람 추천이 가장 정확하다. 아름다운 세도나의 모습을 가득 안고 떠나게 해 주셔서 고맙습니다.

2023.02.19.

Mojave National Preserve

애리조나에서 캘리포니아 경계를 막 넘으면 만나는 모하비 사막.

드넓게 펼쳐진 샌드 듄에 올라 사진 한 장 찍고 싶었을 뿐이다. 집을 향하는 40번 도로에서 경로 이탈하여 'Mojave Desert'라고 찍은 구글 맵

의 안내를 따라 40분쯤 비포장도로를 달렸다. 기대한 샌드 듄은 없고, 으스스한 랜치 한가운데서 구글 맵 안내가 끝났다. 이런... 망했.
나의 옳지 않은 선택으로 앞으로 3시간은 길이 막힐 거라며 낯선 눈으로 나를 보는 남편에게... 음... 입을 닫았다. 멀리 끝도 없는 사막만 멍하니 볼 수밖에.

2023.02.20.

그랜드 캐니언 남쪽으로 Sedona가 있고, 그 서쪽으로 한참을 가다 보면 Death Valley를 만날 수 있다. 존 스타인벡의 소설 《분노의 포도》를 보면, 오클라호마에 살던 사람들이 가난과 기근에서 도망쳐 꿈의 캘리포니아로 향한다. 66번 도로에서 많은 어려움을 만나고, 가족들의 죽음을 지나서 마지막 높은 산을 넘으면 '캘리포니아겠구나' 하는 순간에 만난 죽음의 골짜기가 바로 데스밸리이다. 그 이름만큼 데스밸리는 한여름에 섭씨 58.3도까지 올라간 적이 있을 만큼 후덜덜한 기온을 뽐낸다.

우리가 트레일을 걷던 낮 시간의 햇빛은 아주 강렬했고, 땀이 밖으로 흘러내릴 틈도 없이 그 땀이 말라서 증발해 버리는 기분이었다. 또한 데스밸리의 단테스 뷰에 가면, 단테의 《신곡》 중 지옥편의 풍경이 이렇지 않을까 짐작할 만큼이다. 특히나 우리가 데스밸리를 방문했던 그 기간에 날씨가 아주 좋지는 않았다. 흐릿한 구름이 하늘을 덮으니, 그 아래로 보이는 데스밸리 골짜기들의 그림자가 더욱 음울한 느낌이었다. 해 질 무렵 강한 바람까지 더해지니, 우리의 마음까지 차분하게 가라앉았다. 우리를 짓누르는 엄숙한 기운에 압도되었던 기억이다.

Sedona는 붉은 사암으로 이루어져 있고, 웅장한 바위들이 도시를 둘러싸고 있다. 세도나를 들어서는 순간 나도 모르게 우와 탄성이 나왔다. 지구상에는 21개의 볼텍스가 존재한다고 알려져 있는데, 그중에 4개가 세도나에 위치해 있다. Bell Rock, Cathedral Rock, Boynton Canyon, Airport Mesa인데, 강력한 지구 에너지가 뿜어져 나오고, 자연으로부터 나오는 강력한 치유 에너지로 이곳을 걷기만 해도 정화와 치유가 일어나는 곳으로 알려져 있다. 아메리카 원주민들도 성스러운 땅으로 지키던 곳으로, 명상이나 영적 체험을 위해 찾아오는 관광객들이 아주 많다고 한다.

트레일을 걸으며 수많은 명상하는 사람들을 보았고, 우리도 덩달아 앉아서 호흡을 가다듬어 보기도 했다. 평소 우리의 여행 때보다 두 배는 넘게 홀린 듯이 걸었는데도 전혀 피곤을 느끼지 않고 오히려 에너지가 가득 충전되었다. 더군다나 세도나 가기 전에 있었던 나의 다래끼가 부풀어 오르더니 어느 순간 뚝 떨어져 나갔다. 믿거나 말거나, 나는 세도나의 치유의 능력을 내 온몸으로 느꼈다. 혹시나 세도나 기 치료를 통해 하윤이의 센서리 문제도 좀 나아지길 기대해 봤지만, 거기까지는 아무래도 무리수였던 모양이다.

우리는 일상을 살면서, 내가 모든 것을 계획하고, 계획한 대로 할 수 있다고 자신하고, 그 잘함과 못함 또한 내 기준으로 판단하려 한다. 나를 판단하고 또 타인을 평가하는 데 주저함이 없다. 그러다 보니 갈등이 생기고, 다툼으로 괴로워하기도 한다. 이렇게 웅장하고 근엄한 자연 앞에 서면, 그동안 나는 어떻게 살아왔는가 말문이 막히고 너무도 부끄러워 고개를 떨구게 된다.

오늘도 나는 나의 부족함을 고백하고, 신의 큰 뜻은 무엇일까 겸허하게 받아들이려고 한다. 당신의 뜻대로 나를 이끄소서. 나는 그 길로 따르리다.

세상의 주인은 누구?
– Redwood NP, Mt. Rainier NP, Olympic NP

Redwood National Park
Acrylic, 60.8×76.2cm, 2022

멈추어 고민해도 답이 없음을 알기에

내가 살고 있는 캘리포니아는 보통 남가주와 북가주로 나누어 부르곤 한다. 남가주는 주로 사막 기후의 영향을 받는데, Joshua Tree NP와 Death Valley NP의 풍경을 떠올리면 그 건조하고 뜨거운 공기까지도 함께 느껴질지 모른다.

북가주를 거슬러 올라가다 보면 사막의 노랗던 풍경이 어느새 초록으로 변한다. 특히나 캘리포니아 북부 해안지대를 따라 세계에서 가장 키가 큰 나무로 알려진 레드우드들이 살고 있다. 특히 Redwoods NP은 〈스타워즈 에피소드 6 - 제다이의 귀환〉 엔도(Endor) 위성의 숲 촬영지로도 유명하다. 북쪽으로 오리건주를 지나 워싱턴주, 시애틀에 도착하기 전 남쪽에 레이니어산 국립공원(Mount Rainier NP)을 만날 수 있다.

레이니어산 꼭대기를 중심으로 수십 개의 빙하가 있고, 산허리에는 침엽수림이, 그 아래로 초원과 폭포와 호수가 있고, 아름다운 야생화가 가득하게 피어 있다. 하나의 산에 사계절이 동시에 공존한다는 게 아주 장관이 아닐 수 없다.

시애틀을 지나 좀 더 북쪽으로 올라가면 더욱 울창한 삼림을 자랑하는 올림픽 국립공원(Olympic NP)이 있다. 유네스코 세계자연유산으로 지정된 이곳은, 미국에서 비가 가장 많은 곳으로 이끼류, 양치류 등으로 뒤덮인 침엽수림이 오묘한 분위기를 만들어 내는데, 바로 영화 〈트와일라잇〉의 촬영지였다.

국립공원의 크기가 서울의 6배 면적이라는 이곳은 숲과 호수뿐만 아니라, 어디에서도 쉽게 다양한 동물들을 볼 수 있다. 지구의 주인은 인간이 아니고, 이 자연과 동물들에게 잠시 한 귀퉁이 빌려 쓰고 있음을 제대로 상기시킨다.

Portland, Oregon

아침 6시에 집을 출발해서 저녁 6시가 되어서야 포틀랜드 숙소에 도착했다.

작년 여름 여행과 달리 올여름 로드 트립은 시작부터 수월치가 않다. 옐로스톤 가는 길은 네바다주와 아이다호주의 색다른 풍경에 넋을 놓느라 시간 가는 줄 몰랐

는데, 시애틀로 향하는 길에 지나는 오리건주는 우리 동네와 별반 다르지 않아 표지판이 없었다면 구별하지 못할 정도다ㅋ 더구나 끝도 없이 이어지는 5번 하이웨이는 너무도 지루했다는ㅠ 포틀랜드에 왔으면 포틀랜드의 랜드 마크에 들렀어야 했지만, 오리건주에서는 택스 프리라는 말에 솔깃해서 쇼핑으로 마음을 바꿨다. 텍스 제로 영수증이 신기해서 한참을 싱글벙글 들여다봤다ㅎㅎ 공짜 같은 공짜 아닌 지출 덕분에 우리는 저녁은 컵밥으로 퉁치고, 내일 멋진 레이니어산을 만나기 위해 오늘은 일찍 하루를 마감한다.

2021.07.17.

Oregon_Washington Line

포틀랜드를 출발한 지 한 시간도 지나지 않은 것 같은데... 철교 위에 조그맣게 Entering Washington이라는 표지판이 보인다. 지도를 찾아보니 Columbia River를 경계로 Oregon과 Washington이 나뉘어져 있다. 여행자로서 State를 건너는 재미가 쏠쏠한데, 눈 깜짝할 사이에 지나가 버린 순간에 몹시 아쉬워 발만 동동동 했다는ㅋㅋ

Mount Rainier National Park

드디어 Mt. Rainier에 올랐다. 만년설의 위용을 제대로 뽐내고 계시더군. 오늘은 남쪽 비지터센터가 있는 Paradise에서 트레일을 하기로 했다.
Skyline trail loop를 다섯 시간 동안 걸으면서, 한여름에도 녹을 기미가 전혀 없는 눈산과 초록 미도우, 아름다운 야생화, 폭포까지 원 없이 눈이 호강했다.

레이니어산 하이 픽으로 오르는 길목에서 그림 그리는 아저씨를 만났다. 종이와 연필만으로 레이니어의 웅장함을 가득히 담아내고 있었다. 그 모습이 너무 멋져서 화가님을 배경으로 한 컷 찍어 봤다.
하윤이가 그릴 레이니어산도 벌써부터 나는 기대 중이다.

2021.07.18.

Mount Rainier
Acrylic, 91×61cm, 2021

멈추어 고민해도 답이 없음을 알기에

Mount Rainier National Park

어제는 남쪽에서 레이니어를 올랐고, 오늘은 북쪽 Sunrise에서 출발해서 Sunrise Rim trail 걸으면서 레이니어에 가장 가까이 가 보았다. Paradise 쪽에서 보는 Rainier는 아기자기한 여성미를, Sunrise의 Rainier는 거칠면서 강인한 남성미를 마구마구 뿜어내더라. (지극히 내 개인의 생각이지만ㅋ) 사진으로 다시 보아도 꿈결 같던 시간이다. 우리가 여기에 또 올 수 있을까 하는 아쉬움에 돌아오는 내내 사이드미러로 멀어져 가는 레이니어에서 눈을 떼지 못했다.

2021.07.19.

Seattle, Washington

종일 하늘은 흐리고 쪼리 사이로 발꼬락은 시렵고. 퍼블릭 마켓은 사람들이 바글바글.
스타벅스 1호점은 입장 대기만 2시간 예상. 스페이스 니들은 멀리서 사진만 찰칵. 크랩팟은 맛은 좋았으나 가격이 두 배인 느낌.
크루즈 대신 Bainbridge Island 가는 배를 내리지도 않고 왕복. 그렇게 하루가 저물었다. 너무 피곤하다.

2021.07.20.

*Hurricane Hill*에 오르면, 멀리 빅토리아 아일랜드와 캐나다를 볼 수 있다고 했다. 그리고 이번 여행 일정에 없어서 아쉬운 North Cascades National Park를 윤곽이라도 눈에 담아 올 수 있을 줄 알았다. 하지만 아침 운전 길에 비를 만나 마음 불안불안하더니 역시나 하늘이 흐리다. 허리케인 힐은 구름이 가득해서 코앞도 안 보이더라. 그래도 귀여운 천사처럼 구름 속을 신나서 뛰어다니는 하윤이를 보니 이것도 충분히 좋다.

사라져 가는 야생동물 Marmot을 만났다. 온몸에 털이 수북하고 얼굴은 수달처럼 귀엽게 생겼는데, 미어캣처럼 눈을 똥그랗게 뜨고 주변을 살핀다ㅎㅎ 그러더니 앞발을 손처럼 야생화 줄기를 야무지게 붙잡고는 꽃을 먹는다. 맛있게도 먹는다ㅋㅋ 귀여워서 기절각.

2021.07.21.

Olympic National Park

오늘 일정은 Lake Crescent였으나, 어제와 달리 하늘이 너무 맑아서(?) 가지 못했다. 대신 어제 보지 못한 올림픽 내셔널파크의 하늘과 바다를 보기 위해 Hurricane Ridge Visitor Center를 다시 올랐다. 오늘의 새로운 목적지는 *Mt. Angeles.*

벼랑 끝 아슬아슬한 트레일과 지그재그 스위치백 길이 온몸의 근육을 바짝 긴장시키지만, 그 하늘길 풍경에 홀려 5시간이나 걸었다. 어제 보지 못한 멀리 바다까지 환히 열린 하늘에 마음이 뻥 뚫리고, 무엇에도 너그럽겠노라 괜한 약속까지 나에게 하게 되더군. 힘들었을 텐데 잘 걸어 준 하윤, 오늘 땡큐다.

동네 강아지들처럼 사슴들이 여기저기 어슬렁거린다. 그들은 우리를 그러려니 하고 신경 쓰지도 않고, 우리도 우리 걸음에 집중하느라 그러려니 한다. 자연과 인간이 함께 살아가는 건강한 태도인거지.

2021.07.22.

Multnomah Falls, Portland, Oregon

집으로 내려가기 위해 다시 들른 포틀랜드. 그래도 그냥 가긴 아쉬워 Multnomah Falls를 둘러보기로 했다.
미국에서 두 번째로 긴 폭포라고 하던데 유명하긴 유명한가 보다. 사람이 아주 바글바글.

스위치백 트레일을 힘겹게 올라 폭포 정상에 오르니, Columbia River가 내 시야를 가득 채운다. 유후~
좋은데... 좋았는데... 음... 나는 요세미티의 폴들이 더 멋지다는 생각을 하고 내려왔다.

집에 돌아가는 길, 하늘이 온통 뿌옇다. 오리건과 캘리포니아에 산불이 시작된 모양이다. 확인해 보니... Crater Lake, Mt. Shasta, Lassen National Park, Yosemite, Mammoth Lake 주변이 온통 빨간색이다. 비가 적은 곳이라 해마다 여름이면 어김없이 찾아오는 산불... 피할 수는 없겠지만, 피해는 심하지 않길 기도한다.
아뿔싸. 우리 동네도 지금 정전이라네ㅠㅠ 아무래도 산불의 영향일 듯하다. 우리 집 거라지 안 열릴 텐데... 어찌 집에 들어가지????? 냉장고는 또 어느 지경인 거니?????

2021.07.24.

Redwoods National Park

아침 일찍부터 쉬지 않고 6시간을 넘게 달려 Redwoods National Park에 도착했다. Jedediah Smith Redwoods State Park와 Prairie Creek Redwoods State Park까지 합하여 Redwoods National and State Park라고 부르기 때문에 어디  부터 둘러봐야 할지 범위가 넘나 광범위하다. 그럴 때는 일단 가장 유명한 곳부터 찾아 줘야지ㅋ

미국의 10대 트레일로 꼽혔던 *Prairie Creek Redwoods State Park*의 *Fern Canyon*이 우리의 첫 번째 목적지가 되었다. 가는 길은 여기저기 수없이 움푹 파여 차가 지그재그 비틀비틀하더니, 세계 테마 기행쯤에서 봄 직한 깊은 개울까지 우리 차를 막아섰다. 그러거나 말거나 우리는 고고고. 아주아주 먼 옛날 공룡이 살던 시절의 원시림이 이렇지 않았을까. 너무나 아름답고 신비스러운 곳이었다. 게다가 물에 안 빠지려고 발버둥을 치다 결국 빠지고 나니 그때부터는 트레일이 몇 배는 더 재밌어지더라. 너무 뻔하지 않은, 아주 아주 펀(fun)한 펀(Fern) Canyon Trail로 기억에 남을 듯하다.

2022.04.15.

Jedediah Smith Redwoods State Park_Boy Scout Tree Trail

파크 레인저의 강력 추천 트레일이었다. 작정하고 멋진 사진을 100장도 넘게 찍은 것 같다ㅋ 걷는 중간에 비도 부슬부슬 내리고, 발아래 진흙길이 걷기에 쉽지 않았지만, 간만에 즐겁게 걸었다. 특히 Boy Scout Tree는 넘나 웅장했다. 그 하늘 끝은 정확히 보이지 않고, 몸통을 빼곡하게 둘러싼 초록 이끼는 신비로움을 더한다. 한참을 입까지 벌리고 올려다보았다.

2022.04.16.

Redwood National Park and State Park_Lady bird Johnson grove

오늘 꼭 가고 싶었던 Tall Tree trail은 못 들어갔다. 48시간 전에 예약을 해야 걸을 수 있다는군. 에잇 아쉬운 대로 근처 트레일을 짧게 걸었다. 일행 중에 아이가 있거나 어르신이 계시다면, 선택하길 추천한다. 편안한 길과 아름다운 풍경은 1시간 이내에 충분히 레드우드 숲의 매력을 충분히 느끼게 한다. 나 좀 걸어 봤어 하는 분이라면 패스.

Humboldt Redwoods State Park

집으로 오는 길에 점심 먹으러 들른 곳. 레드우드 국립공원 바운더리 밖에 있지만, 숲은 충분히 아름답다. 예쁜 가족 티셔츠도 한 장씩 구입하고, 이번 여행에서는 만나지 못했지만 멘도시노 트레일에서 자주 만났던 Banana Slug 인형도 넘 귀여워서 한 마리 데려왔다. 강줄기를 따라 폭신한 레드우드 숲길을 산책하며 이번 여행을 마무리했다. 한 번 더 느낀다. 미국은 축복받은 아름다운 대자연을 가진 나라라는 걸.

Chandelier Tree

Humboldt Redwoods State Park에서 남쪽으로 1시간쯤 내려오면 Drive-thru tree를 만날 수 있다. 사진으로 보고는 넘나 설레는 마음으로 달렸는데, 웬걸. $10 입장료를 내라고 한다. 장사꾼 느낌에 살짝 맘 상했으나, 발길 돌리지 못하고 고. 2,000살이 넘는 이 레드우드는 우리에게 터널을 내어 주고도 여전히 초록초록 건재하다. 사이드미러를 접고도 아슬아슬 통과하는 차를 보면서, 긁히면 망한다는 불안도 있었지만, 잼난 경험이었다는.

2022.04.17.

태초에 원시림이 이렇지 않았을까 짐작해 본다. 신비롭고 오묘한 분위기에 빠져서 나는 먼지처럼 아무것도 아닌 채로 사라져도 괜찮다고 마법에 걸린 시간이었다. 하늘로 솟아오른 나무에서 내리는 빗물인지, 수액인지, 안개인지 알 수 없는 물안개에 내내 취해 있었다. 그 끝을 알 수 없는 레드우드의 하늘을 올려다보느라 내 목이 힘겹게 꺾여 있다는 것도 인지하지 못했다. 2,000살이 넘었다는 거대한 레드우드의 터널도, 촉촉한 이끼 더미 사이로 기어가는 노오란 바나나 달팽이도 나를 감동시키기에 부족함이 없다.

봄, 여름, 가을, 겨울을 동시에 보여 주는 레이니어산 앞에서 나는 사진을 수백 장 찍었나 보다. 내 눈을 믿을 수가 없었다. 이런 풍경이 진정으로 가능한가 싶어서. 산을 오르는 초입은 분명 쨍한 여름이었다. 잠시 후 봄을 알리는 야생화들이 내 발길을 붙잡는다. 그 꽃길 옆으로 흐르는 개울물 소리는 돌돌돌돌, 내 귀를 즐겁게 한다. 그리고 좀 더 오르니 눈이다. 일 년 내내 녹지 않는다는 만년설에 햇볕이 반사되어 내 눈을 때린다. 눈부심에 두 눈을 감는다. 여기는 어디고 나는 누구인가. 공간과 시간의 개념이 순간 사라졌다.

나에게 레이니어산이 부드러운 여성의 이미지라면, 올림픽 내셔널파크는 강인한 남성의 느낌이었다. 거대한 침엽수들은 아주 단단하고 날카롭고 강력해 보였다. 진초록의 나무들이 얼마나 빽빽하게 가득 찼던지 그 나무숲 아래를 걸을 때면 햇빛 한줄기 들어오는 틈이 없어 아주 어둡다. 이 숲이 끝도 없이 펼쳐져 있을 것만 같다.

그 나무들 사이로 바스락바스락 사슴들이 동네 강아지 마실 나온 것처럼 어슬렁거린다. 우리도 한두 번은 사슴의 등장에 흠칫 놀라지만, 서너 번을 지나니 그러려니 하게 된다. 사슴들도 우리를 그닥 특별하게 느끼지 않더라. 아주 자연스러운 공존이었다. 우리가 도시락을 먹던 피크닉 테이블 뒤로 사슴 패밀리가 나무 열매를 뜯어 먹는 장면이라니. 인간들은 "세상의 중심은 나"라고 생각하고, 지구상의 모든 것이 인간을 위해 존재한다고 여긴다. 그래서 자연을 마구 낭비하고 함부로 대한다. 그러면서도 자연은 영원히 그 자리에 있어 줄 거라는 착각을 한다.

45억년이 넘은 지구의 생애에 인류는 겨우 4, 5백만 년 전에 출현했다. 그런 인류가 지구의 주인 행세를 한다는 게 얼마나 우스운 일인가. 한 자리 내어준 자연에 고마운 마음을 간직한 채, "잘 놀다 갑니다." 뒷정리 깨끗하게 하고 조용히 내려왔다.

The night Sky
Acrylic, 40.6×50.8cm, 2021

멈추어 고민해도 답이 없음을 알기에

Mount Madonna County Park

지인 덕분에 까만 밤하늘의 쏟아지는 별들을 만났다. 고요하고 평화로운 밤... 잠자기 전이면 최고의 하이퍼를 보여 주는 하윤이는 타닥타닥 타오르는 장작불에 긴장감을 사르르 내려놓고 깊은 잠에 빠져들었다.

불멍 테라피... 이거 너무 훌륭한데.

이제 캠핑 장비 마련을 위해 우리 집 기둥뿌리 하나 뽑을 각.

2021.07.31.

Joseph D Grant County Park

계획에 없던 급 캠핑.

집에 있는 냉장고 털고, 되는대로 짐을 챙겨, 집에서 멀지 않은 Mt. Hamilton 자락에 텐트를 펼쳤다. 캠핑장에서 먹는 환상의 삼겹살 맛은, 잠자리와 화장실의 불편함쯤은 다 이기고도 남는다.

까만 밤에 타닥타닥 장작 타는 소리도 나에게는 힐링이다. 무엇보다 하윤이의 환한 웃음이 끊이질 않는다.... 돌아와 짐 정리하는 시간이 살짝 고되긴 하지만, 또 어디로 가 볼까 캠핑장 서치를 하는 나를 발견한다.

2022.04.03.

Gualala Point Regional Park

탁 트인 바다 뷰를 끼고 1번 하이웨이를 달려 두 시간쯤 북쪽으로 올라가면 Sonoma County의 아름다운 풍경이 끝도 없이 펼쳐진다. 그리고 Gualala.
2박 3일 동안 우리와 캠핑을 함께한 게스트, 라쿤과 블루제이.
밤이고 낮이고 우리의 식량 창고를 노리는 그 친구들에게 결국엔 털렸다. 덕분에 우리는 점심용 빵을 뺏기고, 컵라면으로 해결해야 했다. 빵 한 조각도 나누어 먹는, 우리는 진정한 친구.

2022.04.24.

Doran Regional Park Campground

흐린 하늘이라 살짝 아쉬운가 했으나, 좋다.
뜨거웠을 햇빛은 하늘 구름이 가려 주고, 차가워진 공기는 장작불이 금세 데워 준다. 가만히 앉아서, 먹고 마시고 음악 듣고 책 읽고 신선놀음 중이다. 좋다 아주 딱 좋다.

다음 날, 캠핑장의 아침은 너무도 고요
하다. 어제 오후 내내 많은 사람들로 북
적이던 바다는 오롯이 내 것이 된다. 잠
자리의 피곤은 걷는 걸음걸음에 하나둘
떨쳐 나가고, 잔잔한 파도 소리는 아침
산책의 파트너가 되어 준다.
오늘도 나의 하루를 귀하게 쓰겠습니다.

2022.06.26.

Kings Canyon National Park

겨울엔 길이 열리지 않는 곳. 여름에만 갈 수 있어서 더욱 마음 간절한 이곳. Mist Falls를 오르는 내내, 정말 우레와 같은 계곡물 소리가 뜨겁게 달궈진 바윗길쯤이야 거뜬하게 넘어가라 재촉한다. 그렇게 트레일을 올라 마주한 거대한 풍경 앞에 우리는 걸음을 멈춘다. 이거 보려고 우리가 걷는 거지. 차로 가뿐하게 뷰포인트 앞에 도착해서 보는 풍경과는 맛의 차원이 다르다. 온몸을 적신 짭짤한 땀 맛이 더해져야 제대로지. 그리고 머릿골이 쨍해지는 물놀이는 킹스 캐니언만의 특별 부록. 좋구나 정말 좋구나, 지상 낙원이구먼.
그리고 Sentinel Campground
= 칠흑 + 밤 + 별 + 고요 + 파이어 + 타닥타닥 =

"천국은 우리들 각자의 내부에 숨겨져 있으며,
그것은 지금 나의 내부에도 숨겨져 있으니,
내가 원하기만 하면 정말 내 앞에 나타나
앞으로 평생 동안 사라지지 않을 겁니다."

2022.07.04.

Montana de Oro State Park

한국의 가을처럼 알록달록한 단풍은 없지만, 그래도 하늘과 바람은 가을의 향기를 담았다. 캘리포니아의 가을 새벽 공기가 차다....

2022.11.20.

Morro Bay State Park Campground

캠핑은 올 때마다 이야기가 생긴다. 물론 이번에도 있었지.

늦은 밤 캠핑장에 도착했고, 급하게 텐트를 치면서 저녁 준비도 동시에 해야 했다.

아뿔사, 코펠이 없다. 띠링띠링~ 그 밤은 고구마를 구워 주린 배를 채우고 배고픔에 잠들었다. 크리스마스이브에 우리에게 산타가 왔다. 코펠만 들고 오면 되는데, 맛있는 고기와 더 맛있는 와인까지 가득 안고. 덕분에 2022년 크리스마스가 오래도록 아름답게 남을 듯.

캠핑을 하면 다음 날 아침에 만날 수 있는 귀한 풍경이 많다.
하얗게 내린 서리에 사락사락 내 발자국 찍히는 소리.
코를 간질거리는 서늘한 하루의 첫 공기.
부지런히 아침 비행으로 바쁜 새들의 날갯짓.
따끈한 믹스커피 한 잔.
바알갛게 하늘을 물들이며 떠오르는 아침 해.
그렇게 나는 오늘의 에너지를 충전한다.

2022.12.25.

Pfeiffer Big Sur State Park camping

이번 주중에 내린 끝없는 비와 다음 주중에 또 내릴 예정인 비 사이로 해가 쨍한 주말. 캠핑 개시.

다 좋았다. 캠프 사이트도 좋았고, 나란히 흐르는 계곡물 소리도 좋았고, 밤하늘 풍경도 너무 이뻤다. 근데, 난 밤새 추웠다. 알고 보니 내 매트만 배터리가 연결되지 않았었다. 아무래도 텐트 세팅 담당인 남편의 실수가 아닌 의도했다는 의심을 하지 않을 수가 없다. 인과응보를 깨우쳐 주게쓰.

2023.03.25.

불의 찬가

붉은 빛을 강렬하게 내뿜다가
차츰 잦아드는 듯
핑크빛 숯으로 오래도록 은근하다.
살짝 머금었던 물기를 데우더니
곧 고소한 향이
코끝에 간질간질 머물고,
무엇보다 타닥타닥 그 소리야말로
질리지 않는 청량함으로
두 귀를 매료시킨다.

Hendy Woods State Park

자연 속에 있을 때, 하윤이의 시간은
평온하기만 하다.
온몸을 초록으로 가득 채웠으니, 이제
소란스러운 세상과 만날 준비가 됐다.
일주일쯤은 무난하게 잘 버텨 주리라.

2023.05.21.

Emerald Bay Campground, South Lake Tahoe

으아아아아아아아아악
고... 고... 고... 고... 고... 곰이다.

2023.06.23.

Camping 2

Acrylic, 76.2×60.9cm, 2023

바쁘고 시끄러운 세상 속에서 나를 보호하는 방법은, 투명 유리 상자 안에 들어가 눈 감고 귀 닫는 것밖에 없었다. 그러나 여기서는 다르다.
한 치 앞도 보이지 않는 깊은 어둠이 찾아오면 나는 헤드 랜턴을 켠다. 내 내면의 소리에 귀 기울이고, 내 생각의 나래를 편다. 나의 자유로움이 밤하늘을 날아오르고, 나는 비로소 빛난다.

Sugar Pine Point Campground

분명 캠핑 출발 전에 확인한 날씨 예보에서는 비는 전혀 없었다. 물론 흐리긴 했지만.
낮에 산에서 비를 어마무시하게 맞았고, 저녁밥을 마무리할 무렵 또다시 비가 시작됐다.
급하게 뒷정리를 하고 텐트 안으로 피신했다. 하윤이는 가방에서 주섬주섬 챙겨 간 그림책 세 권을 꺼낸다. 어려서부터 아주 애정하던 《안 돼, 데이빗!》, 《종이 봉지 공주》, 《도서관에 간 사자》. 그렇게 시작된 소리 내어 그림책 읽기는 빗소리에 맞춰 아주 경쾌하다. 이 순간 나는 5살의 사랑스런 하윤이와 마주한다. 고맙다 순수한 그 모습.
다음 날 아침 확인 결과, 밤새 내린 비 때문에 우리 텐트 아래로 물웅덩이가 생겼다.
우리는 수맥을 깔고 누워 지난밤 숙면을 한 것인가. 트레일러가 필요해 몹시 필요해.

2023.08.19.

Malibu Creek State Park

산에서는 그렇게 뜨겁더니, 바다에서는 바람 끝이 아주 차다.
날씨의 변덕인 게냐, 아님 내 몸뚱아리가 간사한 게냐. 어찌 세상이 나를 위해 돌아가겠어. 내가 감당할 몫이고, 네가 그렇게 바다에서 즐겁다는데 이 바람을 맞으며 좀 더 버텨 보마. 놀아라 놀아라 열심히 놀아라.
(내 마음만은 벌써 캠핑장으로 돌아가 블랭킷 한 장 두르고 불 앞에 앉아있구나ㅋ)

2023.10.08.

Mount Diablo

굿바이 2023, 헬로 2024!
이렇게 아름다운 새해 첫 해를 띄우려고, 어젯밤 그렇게도 비바람이 사납게 몰아쳤나 보다.
(밤새 빗물이 텐트로 모여든다. 물길을 돌리려 해도 소용없다. 달밤 텐트 걷고 집에 가고 싶었으나 꾹.)

지금 이 순간 이곳에서 오늘 하루를 잘 사는 게 목표라고 늘 말해 왔지만, 내일에 대한 희망이 없다면 오늘이 가지는 의미는 너무나 초라할 것이다. 기왕이면 긍정적인 미래를 그려 보며 오늘을 즐겁게 사는 걸로 목표 수정.

2024.01.01.

캠핑에 대한 이야기는, 작년 《Santa Clara County Library Magazine》에 실렸던 나의 에세이로 마무리한다.

우리 가족은 2018년 미국에 와서 처음 캠핑을 시작했다.
우리는 지난 2년 동안 셀 수 없이 많은 경험을 했다. 물론 힘들었던 날도 있고, 즐거웠던 날은 훨씬 더 많았다. 가장 기억에 남는 캠핑이라면, 6개월 전쯤 레이크 타호의 Fallen Leaf Campground에서 겪었던 등골 서늘했던 날일 것이다.
첫날 저녁은 날씨가 너무 나빠서 우리는 주변의 가까운 것도 볼 수 없었다. 최근에 발생한 산불의 영향으로 매캐한 연기와 재가 공기를 가득 채우고 있기 때문이었다. 우리는 그날 밤 텐트에서 도저히 잘 수 없었고, 한밤중에 캠핑장을 떠나 다른 숙소를 찾아야 했다. 하지만 우리는 포기하지 않고, 다음 날 아침 다시 캠핑장으로 돌아갔다.
다행히도 둘째 날은 바람의 방향이 바뀌면서 하늘은 맑고 공기도 아주 신선했다. 낮 시간 동안 걸었던 트레일도 아주 좋았고, 텐트도 쳤고, 저녁도 잘 먹었다. 모든 게 순조로웠고, 캠프파이어를 하면서 우리는 아주 편안한 밤을 시작하고 있었다.

우리는 조금만 더 모닥불 옆에 앉았다가 테이블을 치우고, 푸드 스토리지에 정리하려고 했다. 이제 막 해가 지기 시작했고 아직 7시도 되지 않는 시간이었다. 바로 그때, 남편이 아주 작은 목소리로 속삭였다.
"지금 당장 일어나서 이쪽으로 와. 뒤돌아보지도 말고! 소리도 지르지 말고!"
세상에나! 거대한 흑곰이 텐트 바로 옆 테이블 근처로 다가오고 있었다. 우리는 눈을 믿을 수가 없었다. 그리고 바로 얼음이 되었다. 곰은 쓰레기봉투를 찢고 모든 음식 쓰레기를 먹어 치웠다. 그리고는 우리의 캠핑 장비 재산 목록 1호인 아이스박스를 종잇장처럼 아주 쉽게 찢었다. 우리 캠프 사이트 바로 옆에 위치한 캠프 호스트에 가서 도움을 요청했지만, "곰이 배가 차면 조용히 돌아갈 거야. 자주 오는 애라 아는데, 너희를 해치지는 않을 거야. 그 곰이 너희가 내일 아침으로 먹을 것만 조금 남겨 놓기를 바라. 행운을 빈다." 하고는 대수롭지 않다는 듯 가 버린다.
30분쯤 지났을까. 정말 먹을 수 있는 것을 다 먹고 나더니 곰은 유유히 왔던 길로 돌아갔다. 도저히 곰이 다녀간 그곳에서 잠을 잘 자신이 없었다. 우리는 온통 엉망이 되어 버린 캠핑장을 청소하고 바로 떠났다. 잠깐도 더 머무르고 싶지 않았다.
너무 무서웠다. 우리는 하룻밤도 캠핑장의 밤을 즐기기 못하고 집으로 돌아와야 했지만, 지나고 보니 우리는 그 밤의 모험을 오래오래 이야기 나눌 것 같다.

한국에 살 때, 우리는 각자 매우 바쁜 삶을 살았다. 가족이 모두 함께하는 시간은 거의 없었고, 서로를 알려고 하는 데 내어줄 마음의 여유도 전혀 없었다. 이곳에 온 후에도 상황이 많이 달라지지는 않았다. 우리는 각자의 공간에서 각자의 시간을 보냈다. 우리가 해결해야 할 가장 큰 숙제였다.

마침내 방법을 찾았고, 그것은 캠핑이었다. 캠핑을 준비하면서 함께 많은 이야기를 했고, 캠핑 동안에도 내내 서로 붙어 있게 되었다. 낮에는 트레일을 함께 걷고, 텐트를 함께 치고, 저녁을 함께 준비하고, 긴 밤 동안 모닥불에 둘러앉아 두런두런 이야기를 나눈다. 그러지 않더라도, 그 밤의 공기와 밤하늘의 별을 함께 기억하는 것, 그것으로도 충분하다. 캠핑 덕분에 우리는 이제 진짜 가족이 되어 가고 있다.

Camping 3
Acrylic, 50.8×40.6cm, 2024